LA NTÉ

MW01714972

Insomnie

Dr Patrick Lemoine

LAROUSSE

21 Rue du Montparnasse 75283 Paris cedex 06

DIRECTION DE LA PUBLICATION
Carola Strang

DIRECTION ÉDITORIALE
Carole Bat

COORDINATION ÉDITORIALE
Antoine Caron

DIRECTION ARTISTIQUE
Emmanuel Chaspoul, *assisté de* Jacqueline Bloch
et de Cynthia Savage

CONCEPTION GRAPHIQUE
Sandrine Russell

ILLUSTRATIONS
Delphine Bailly

RÉALISATION
Anne Cogos et Agence Media

ISBN : 2-03-560468-0
Larousse, Paris

L'objectif de ce livre est d'informer toute personne désireuse de mieux comprendre un état ou une maladie, mais il ne peut se substituer à un avis médical. Ne prenez pas n'importe quel médicament. Demandez toujours conseil à votre pharmacien et à votre médecin. Malgré tout le soin apporté à la rédaction de cet ouvrage, une erreur aura pu s'y glisser. Nous ne saurions être tenus pour responsables de ses conséquences ou d'une interprétation erronée.

Préface

Nous passons près d'un tiers de notre vie à dormir. Le sommeil est un besoin physiologique aussi essentiel que celui de manger ou de boire, et l'on ressent très vite les effets d'une privation. Qui n'a pas déjà éprouvé des difficultés à se lever après une nuit de sommeil trop courte ? Et que dire lorsque les mauvaises nuits se répètent semaine après semaine, mois après mois... C'est ce que vit l'insomniaque.

L'étude du sommeil a connu un véritable essor à la fin des années 1950 avec la mise au point de l'électro-encéphalographie, qui permet d'enregistrer l'activité cérébrale pendant le sommeil. Grâce à des travaux épidémiologiques, on sait aujourd'hui que près d'un quart de la population se plaint d'insomnie, que ce trouble affecte deux fois plus les femmes que les hommes et qu'il est plus fréquent chez les personnes âgées.

Si l'insomnie est courante, elle n'est pas bénigne en raison de ses conséquences sur la vie quotidienne : fatigue, somnolence, irritabilité, anxiété, humeur dépressive, vulnérabilité aux accidents, baisse de productivité... Comprendre les mécanismes du sommeil et les causes de l'insomnie est un premier pas vers l'action, et c'est tout l'objectif de cet ouvrage. Le docteur Patrick Lemoine dresse ici un portrait nuancé de ce trouble et propose des moyens d'y répondre en mettant en avant des mesures simples et efficaces d'hygiène de vie.

Professeur Maurice Ohayon
Directeur du Centre de recherche
en épidémiologie des troubles du sommeil

sommaire

COMPRENDRE

1 Les séquences du sommeil 9

Avant de se coucher 10
Sport et sommeil 11
Amour et sommeil 12
Les signes d'ensommeillement 12

L'endormissement 14

Le sommeil 16
La durée du sommeil 16
Les différentes phases du sommeil 17
Le somnambulisme 26

Le réveil 28
L'humeur au réveil 28
Réveil et phases de sommeil 29

Le sommeil dans la journée 31
La sieste chez l'enfant 31
La sieste chez la personne âgée 32

2 L'étude du sommeil 35

L'agenda de sommeil 36

Les examens du sommeil 40

3 Les facteurs influençant le sommeil 43

Les grands rythmes de l'organisme 44

Le sommeil en fonction de l'âge 50
Le sommeil du bébé et de l'enfant 50
Le sommeil de l'adolescent 51
Le vieillissement du sommeil 53

4 Les causes d'insomnie 55

Qu'est-ce que l'insomnie ? 56
Une plainte subjective 56
Les moments de l'insomnie 57
Insomnie transitoire et insomnie durable 59
Les causes de l'insomnie 60
L'insomnie primaire 60
Les insomnies secondaires 62
Les causes environnementales 63
Le bruit 63
Dormir dans la lumière 65
Des rythmes perturbés 66
Le décalage horaire 66
Les trois-huit et le travail de nuit 67
Les causes psychologiques et psychiatriques 70
Le stress et les soucis 70
La dépression, des effets contraires 71
La manie, cause d'insomnies complètes 73
Dormir après une catastrophe 74
Les causes organiques 77
Les douleurs et les maladies 77
Chez la femme 79
Les causes toxiques 80
Les maladies du sommeil 81
Le retard de phase 81
Les mouvements anormaux 82
Le syndrome d'apnées du sommeil 84
La narcolepsie-cataplexie 87
Les troubles associés 89
Les comportements automatiques 89
Les hallucinations d'endormissement 89
Les paralysies du sommeil et du réveil 90
Grincer des dents 92
À quoi sert l'insomnie ? 93
Le temps de sommeil : une notion relative 93

sommaire

AGIR

1 Diagnostiquer l'insomnie 97

Quand faut-il consulter ? 98
Une nuit blanche occasionnelle 98
Insomniaque et court dormeur 99
Quand faut-il traiter ? 100

Bien connaître son sommeil 101
L'agenda de sommeil 101
Observez votre forme dans la journée 102

2 De bonnes habitudes 105

Préparer sa nuit 106
L'alimentation et les horaires des repas 106

Se coucher 110
Quand se coucher ? 110
Les rituels d'endormissement 110
Dormir à l'abri 111
La bonne température 112

Le réveil et les siestes 114
Sommeil du matin : chagrin ! 114
La durée des siestes 115

L'hygiène des rythmes 116
Les principes au lever et au coucher 116
L'attitude à adopter en cas d'insomnie 117

3 Les traitements de l'insomnie 119

Psychothérapie et relaxation 120
La thérapie cognitivo-comportementale 120
La relaxation 122

Les somnifères ou hypnotiques 123
Le recours aux somnifères 123
Les hypnotiques « officiels » 124
Les hypnotiques « non officiels » 129
La durée du traitement 131

Les autres remèdes 133
L'homéopathie : une approche globale 133
Les plantes qui aident à dormir 133
D'autres remèdes 134

- Les réponses à vos questions 135
- Les idées reçues 136
- Glossaire 138
- Index 140
- Adresses et références utiles 143

COMPRENDRE

1. LES SÉQUENCES DU SOMMEIL
2. L'ÉTUDE DU SOMMEIL
3. LES FACTEURS INFLUENÇANT LE SOMMEIL
4. LES CAUSES D'INSOMNIE

1

Les séquences du sommeil

> Avant de se coucher
> L'endormissement
> Le sommeil
> Le réveil
> Le sommeil dans la journée

Avant de se coucher

Les activités le soir

L'insomnie peut être la conséquence de deux grands mécanismes : soit la pression du sommeil est insuffisante, soit celle de l'éveil est excessive.

Lorsqu'une personne est soumise à des stimulations trop importantes avant de se coucher, elle subit un excès d'entraînement du cerveau qui peut se prolonger dans la nuit – comme si l'éveil, trop « musclé », envahissait le temps normalement dévolu au sommeil.

Le fait de regarder un film d'épouvante, de passer des heures à surfer sur Internet ou de s'adonner à des jeux électroniques avant de se coucher peut gêner l'endormissement en maintenant l'**attention en alerte**. C'est particulièrement vrai chez les enfants, dont le sommeil est parfois envahi par des rêves d'angoisse après des jeux trop intensément vécus, des lectures inquiétantes ou des images violentes vues à la télévision trop tard dans la soirée.

Les **tensions** ont le même effet : l'irritation, les disputes avec le conjoint sont source de mauvais sommeil non seulement chez les adultes mais aussi chez les enfants, qui, même très jeunes, sont capables de ressentir le stress de leurs parents.

Sport et sommeil

Pour qu'un individu dorme, il faut que la température de son corps s'abaisse. Tout ce qui maintient à un niveau élevé la température corporelle, notamment l'activité physique, peut donc gêner l'installation du sommeil. C'est la raison pour laquelle on déconseille la pratique intensive de sports trop stimulants le soir. On peut aussi déclencher un **réflexe de thermorégulation** (inciter le corps à abaisser son niveau thermique) en prenant un bain très chaud (voir p. 112).

Les endorphines

Les endorphines sont des substances naturelles sécrétées par l'organisme. Elles se fixent sur les mêmes récepteurs que les morphines extraites du pavot et agissent comme des sortes de drogues naturelles. Elles ont des propriétés analgésiques (elles diminuent la douleur), mais permettent aussi d'éprouver du plaisir et ont un effet apaisant, d'où leur possible effet bénéfique sur le sommeil. La libération d'endorphines dans le corps augmente dans certaines circonstances : orgasme, douleur, stimulation de certains points d'acupuncture, effort physique, surtout s'il est douloureux et de longue durée comme le jogging. Cela explique, par exemple, que les coureurs éprouvent de véritables phénomènes de manque quand ils ne peuvent plus pratiquer. Le jogging permettrait aussi de libérer de l'anandamide, qui est la substance active du cannabis.

Amour et sommeil

Comme Sigmund Freud l'a expliqué en son temps, « l'amour est le meilleur des somnifères ». La détente et la fatigue qui suivent l'acte sexuel, ajoutées au sentiment de plénitude, de sécurité et de tendresse éprouvé, sont en effet la meilleure préparation qui soit à l'installation du sommeil. De même, la libération massive d'endorphines due à l'orgasme provoque une sédation (effet calmant) favorable à l'endormissement.

Les signes d'ensommeillement

Les bâillements Bâiller est considéré comme très impoli en société, et il est de bon ton de cacher sa bouche ouverte derrière sa main. En réalité, si l'on bâille d'ennui, de froid ou de faim, on le fait surtout pour lutter contre l'envie de dormir. On peut donc dire que le bâillement est plutôt un signe de politesse, puisqu'il marque l'effort déployé pour rester éveillé devant une autre personne.

La tête qui dodeline Quand on a vraiment sommeil et que l'on ne peut pas se coucher, il arrive que l'on dodeline de la tête. Les muscles se relâchent de manière asymétrique, et la tête se balance légèrement, à droite ou à gauche, en avant ou en arrière. Le sujet corrige ces relâchements et redresse la tête, ce qui donne une impression de mouvements étranges. Ce phénomène n'a rien d'anormal.

Les yeux rouges

Quand un enfant a sommeil, il se frotte les yeux, qui peuvent alors devenir rouges. L'envie de dormir s'accompagne d'une fatigue visuelle et d'une réduction de la sécrétion lacrymale (des larmes), qui obligent à fermer les paupières pour faire cesser la sensation désagréable que l'on éprouve d'avoir des graviers dans les yeux (de là vient l'expression « le marchand de sable est passé »).

Fermer les yeux pour s'endormir… On peut dire que la nature fait bien les choses.

> L'envie de dormir. Les signes qui trahissent la fatigue (bâillements, picotement des yeux…) surviennent souvent chaque soir à la même heure. Si on laisse passer cette période favorable à l'endormissement, on risque ensuite de ne plus pouvoir s'endormir aussi vite.

L'endormissement

Les conditions pour s'endormir

S'endormir, c'est accepter de se mettre dans une position vulnérable, de se retrouver sans défense devant un éventuel danger, qu'il vienne de l'extérieur (la maison) ou de l'intérieur (son propre corps). On ne peut donc s'abandonner au sommeil que si le corps est en sécurité et apaisé. Ce processus relève à la fois d'actes volontaires (fermer sa maison à clé…) et de phénomènes inconscients.

- **La sécurité extérieure.** Les portes et volets sont clos, la pièce est silencieuse et obscure (plus ou moins selon les individus), le lit est confortable…
- **La sécurité intérieure.** Le sommeil ne vient facilement que si certains paramètres physiologiques ont atteint un niveau favorable : la température centrale (elle doit s'abaisser), l'hydratation (on ne s'endort pas bien si on a soif), l'état de la vessie (on ne doit pas avoir envie d'uriner), la glycémie (le taux de sucre dans le sang doit être satisfaisant), l'urémie, les rythmes respiratoire et cardiaque…

Les douleurs sont des signes d'alerte, de danger, qui empêchent de dormir, de même que les digestions difficiles ou les nausées, qui mobilisent l'énergie et la conscience du dormeur.

● **La sécurité psychologique.** L'esprit doit être libre de pensées angoissantes, de l'appréhension d'un événement à venir ou d'un danger réel.

Les spasmes d'endormissement

Juste avant de s'endormir, certaines personnes présentent des spasmes durant lesquels les muscles des membres (jambes surtout) se contractent brièvement. Ces sursauts peuvent surprendre voire effrayer le conjoint comme le dormeur, mais ils n'ont **rien d'inquiétant** : ils traduisent simplement le fait que le corps se détend de manière peut-être un peu brutale.

> L'esprit apaisé. En vidant l'esprit, une séance de méditation ou de yoga peut créer les conditions favorables au sommeil.

Le sommeil

La durée du sommeil

Il n'y a **pas de durée normale** du sommeil. Il existe seulement des moyennes. La plupart des Français dorment de 6 à 8 heures, mais les courts dormeurs se portent bien avec 4 heures, voire moins, alors que les longs dormeurs ont besoin d'au moins 10 heures pour être en forme dans la journée. Le meilleur conseil que l'on puisse donner en matière de temps de sommeil est de respecter ses besoins, qui sont probablement d'origine génétique.

La seule manière de savoir si l'on a dormi ce qu'il faut, ni trop ni trop peu, c'est de s'observer au réveil et dans la journée : si l'on est en forme, que l'on ne présente pas d'accès de somnolence ni de trouble de la concentration, tout va bien. Il est inutile de chercher à dormir plus, car on risque alors de perturber ses propres rythmes et de présenter des troubles (mal de tête, fatigue, humeur dépressive).

La durée du sommeil **n'est pas immuable**, et il semble qu'en un siècle nous ayons perdu en moyenne près de 2 heures par nuit. Ce phénomène est peut-être lié à l'avènement de l'électricité, qui prolonge l'éclairage au-delà de la journée, et surtout de la télévision.

Les variations On sait que les **bébés** dorment beaucoup, de même que les **adolescents**.

Contrairement à une idée répandue, la durée cumulée du sommeil ne diminue guère avec l'âge, mais les **personnes âgées** dorment souvent en plusieurs fois (siestes) et passent plus de temps au lit que les adultes actifs.

Les différentes phases du sommeil

Le sommeil est formé de cycles comprenant deux phases, le sommeil lent et le sommeil paradoxal.

Chaque cycle, d'une durée globale d'environ 90 minutes, se répète en général quatre ou cinq fois au cours de la nuit.

Êtes-vous long ou court dormeur ?

Court dormeur
- Une nuit de 3 heures n'a pas trop de conséquences sur votre forme.
- Vous dormez à peu près autant le week-end que durant la semaine.
- Il vous est impossible de dormir plus de 7 ou 8 heures.
- Vous ne traînez jamais au lit : vous vous levez dès que vous êtes réveillé.

Long dormeur
- Lorsque vous dormez quelques heures en moins, c'est la catastrophe le lendemain.
- Vous dormez nettement plus en vacances et le week-end « pour rattraper le sommeil en retard ».
- Vous refusez les invitations et les sorties trop rapprochées.

D'après Sylvie Royant-Parola

Le sommeil lent C'est une période de faible activité mentale, de ralentissement de la fréquence cardiaque et de diminution de la tension artérielle.

Le sommeil lent est divisé en quatre stades de profondeur croissante, d'une durée totale d'environ 60 à 80 minutes :

– le **stade 1**, dont la durée est très courte, correspond à l'**endormissement** ;

Des rythmes de sommeil différents

Jean-Pierre et Martine ont tous les deux 40 ans. Ils s'entendent bien et n'ont pas de problème particulier hormis le fait que Martine est insomniaque. Elle se réveille toutes les nuits vers 1 heure du matin, a énormément de mal à se rendormir, se réveille à nouveau à 6 heures et ne se rendort plus. Elle est épuisée, somnole dans la journée, a du mal à se concentrer au travail. Elle ne se sent ni déprimée ni anxieuse.
Elle ne bouge pas pendant son sommeil, ses horaires sont corrects. Bref, rien n'explique qu'elle dorme si mal et se sente tellement fatiguée. Et puis elle finit par avouer qu'elle dort bien en vacances, à la campagne, pendant les deux premières semaines. Puis son mari la rejoint et, de nouveau, elle dort mal. Après une enquête minutieuse, son médecin conclut qu'elle a besoin d'au moins 8 à 9 heures de sommeil alors que 5 heures suffisent à son mari. N'étant pas discret quand il se couche ni quand il se lève, ce dernier perturbe le sommeil de sa femme.
Des mesures sont prises (bouchons d'oreilles, adoption d'un lit à double sommier, efforts de discrétion de la part du mari), qui se révèlent infructueuses…
Ce n'est que lorsque le couple décidera de faire chambre à part que Martine retrouvera son sommeil.

– le **stade 2** est celui du sommeil **léger** ;

– le **stade 3** est celui du sommeil **lent profond** ;

– le **stade 4** est celui du sommeil **lent très profond**.

Le sommeil paradoxal

À chaque période de sommeil lent succède un épisode de 15 à 20 minutes appelé sommeil paradoxal, car il allie une activité mentale proche de celle de la veille à une abolition du tonus musculaire. La respiration est irrégulière et des mouvements oculaires rapides se manifestent, de même que, parfois, de discrets mouvements des doigts et du visage ainsi qu'une érection.

Les rêves se produisent souvent au cours du sommeil paradoxal, mais il est possible qu'ils surviennent également lors des autres phases.

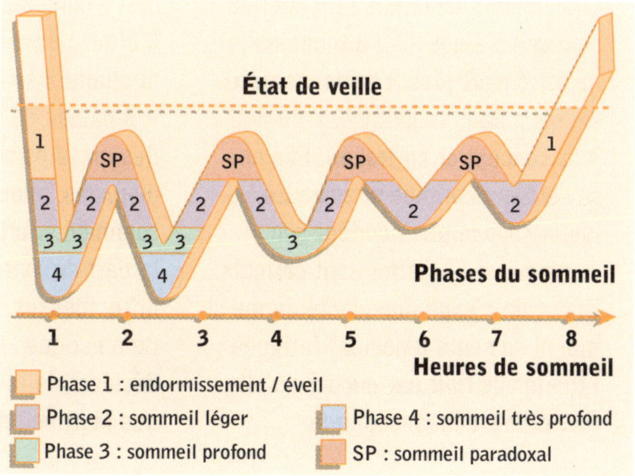

> Les cycles du sommeil. La durée respective de chaque phase (sommeil lent et sommeil paradoxal) varie au cours de la nuit. Le sommeil lent profond (ou très profond) est le plus récupérateur.

Le sommeil d'avant minuit, ou grandir en dormant

Nos grands-mères avaient raison de dire que le sommeil d'avant minuit est le plus important. Il faut cependant rectifier un point : on vivait alors beaucoup plus en suivant le rythme du soleil, et

Les rêves prémonitoires existent-ils ?

Cette question a été étudiée par des scientifiques et il semble que la réponse soit négative, du moins en ce qui concerne les véritables prémonitions. Mais il existe malgré tout de faux rêves prémonitoires : une personne rêve que son enfant va tomber malade ou qu'un de ses proches va mourir. Il est probable que, sans s'en rendre compte, elle ait « capté » les signes annonciateurs de la maladie (yeux brillants de fièvre, pâleur) ou de la mort et que, en dormant, son inconscient ait travaillé pour annoncer en quelque sorte l'événement. Lorsque le futur malade est à distance, on peut même imaginer que c'est le son de sa voix au téléphone ou son écriture qui permettent au rêveur de « prédire » la maladie.

Pour les vrais rêves prémonitoires, ceux qui annoncent des événements réellement imprévisibles (accident d'avion, tremblement de terre...), le processus relève surtout d'une question de mémoire : si je rêve que mon voisin a un accident et que rien ne se produit, j'oublie très vite mon rêve. En revanche, si l'accident se produit, je serai impressionné et je clamerai à mon entourage que mon rêve l'avait bien prédit. On ne se souvient donc que de ses rêves prémonitoires et après coup, ce qui leur enlève tout caractère... prémonitoire puisqu'on les sélectionne en annulant tous ceux qui ne le sont pas. C'est un peu comme si la météorologie proclamait sa fiabilité en disant : « Oubliez les prédictions fausses, ne retenez que les vraies ! »

minuit correspondait plus ou moins au milieu de la nuit (on se couchait vers 20 heures pour se lever vers 4 heures).

L'essentiel, voire la totalité d'une phase de sommeil très importante, le sommeil lent profond (voir p. 19), ainsi que la sécrétion d'hormone de croissance se produisent au cours des deux premiers cycles, et un cycle dure 90 minutes : ce sont donc bien les **3 premières heures** de sommeil qui comptent le plus.

> Des rythmes différents.
Au sein d'une même famille, les profils du sommeil sont différents : chacun doit respecter le sommeil de l'autre, enfant ou adulte.

À chacun son heure

Ce n'est pas l'heure réelle qui compte, c'est l'heure de l'organisme, qui est en quelque sorte l'horaire habituel du sommeil.

Ainsi, pour une personne qui s'endort généralement vers 22 heures, c'est le sommeil de 22 heures à 1 heure du matin qui est important, tandis que pour une autre programmée pour s'endormir vers minuit la tranche de sommeil essentielle ira de minuit à 3 heures du matin. Il est inutile d'avancer l'heure du coucher pour récupérer. Le vrai secret est de **dormir et de se lever à son heure**.

L'hormone de croissance

L'hormone de croissance est surtout libérée pendant le sommeil lent profond des premiers cycles – nos sages et observatrices grands-mères avaient raison de prétendre que les enfants grandissent en dormant.

L'hypophyse est une glande endocrine (sécrétant des hormones) située dans le cerveau. Elle produit cinq hormones, dont la somatotrophine, l'hormone de croissance.

Des chercheurs ont d'ailleurs décrit des nanismes de type hypophysaire (liés à un déficit en hormone de croissance) chez des enfants qui dormaient dans des pièces surpeuplées et bruyantes, et qui n'arrivaient pas à atteindre les stades de sommeil lent profond.

Cette hormone est sécrétée pendant toute la vie, mais la production décline avec l'âge. Ses fonctions sont multiples : croissance, récupération, reconstruction des tissus, mémorisation, régulation des graisses et des sucres, et probablement de nombreuses autres qui restent encore inconnues.

Le sommeil et la mémoire

S'il n'est pas possible d'apprendre pendant le sommeil (on n'assimile pas une langue étrangère en dormant avec un magnétophone), c'est la nuit, et probablement au cours du sommeil paradoxal (surtout lors du premier épisode), que nous **sélectionnons les souvenirs** qui en valent la peine et que nous les stockons dans notre mémoire.

Il est heureux que le cerveau effectue ce tri toutes les nuits car il serait probablement impossible de vivre sans rien oublier, en conservant jour après jour le souvenir intact de toutes nos expériences, même les plus insignifiantes.

À quoi sert le sommeil ?

Le sommeil permet de récupérer, de restaurer le corps malmené pendant la journée, de mémoriser des gestes ou des comportements, de sécréter certaines hormones comme l'hormone de croissance.

Cependant, cette connaissance des fonctions du sommeil est en grande partie intuitive : dormir est un besoin essentiel à la vie, même s'il est quantitativement moins important que ce que l'on a l'habitude de croire. Alors qu'il a longtemps été considéré comme une simple suspension de l'activité physique et mentale, on sait aujourd'hui que le sommeil joue un rôle actif et complexe dont on ignore encore les mécanismes. Si les différentes phases d'une nuit de sommeil (voir p. 17-19) sont bien décrites, leurs effets sur l'organisme restent encore mystérieux.

L'activité sexuelle pendant le sommeil

Les érections nocturnes Au cours du sommeil paradoxal, quel que soit l'âge de l'individu (du fœtus in utero au vieillard), une érection **parfaitement normale** se produit chez l'homme (pénis) comme chez la femme (clitoris). Cette érection n'a aucun lien avec des rêves érotiques. On ne sait pas encore avec précision à quoi correspond cette manifestation physiologique, que l'on constate même en cas d'impuissance non organique.

Il arrive, en particulier chez les hommes âgés, que ces érections deviennent douloureuses. Une consultation médicale est alors recommandée.

Les palpitations nocturnes

Un réveil en sursaut accompagné d'une sensation de palpitations, de « cœur qui bat », peut avoir plusieurs significations :
– un cauchemar ou une pensée angoissante a déclenché une accélération cardiaque parfaitement banale ;
– un trouble cardiaque, bénin ou grave, est à l'origine de ce symptôme, qui se répète alors ;
– un syndrome d'apnées du sommeil (voir p. 84-86) est responsable de cette sensation, et c'est une pause respiratoire qui a provoqué une accélération des battements du cœur ;
– les palpitations traduisent une attaque de panique.

La perception régulière de palpitations cardiaques nocturnes justifie donc une consultation médicale afin d'en déterminer la cause.

Les pollutions nocturnes Au moment de l'adolescence, les jeunes garçons ont fréquemment des **émissions de sperme** au cours du sommeil – éventuellement liées à des rêves érotiques. Ce phénomène est parfaitement normal. Même si elles obligent à quelques lessives supplémentaires, les pollutions nocturnes ne doivent pas faire l'objet de la part des parents de remarques désobligeantes ou de moqueries qui peuvent blesser ou humilier l'enfant. Elles n'ont rien à voir avec la masturbation, qui, de toute manière, n'a rien d'anormal non plus.

Ces émissions peuvent également se produire chez les adultes, notamment au cours de périodes d'abstinence. Là encore, il n'y a rien d'alarmant.

Gémir ou parler en dormant

Gémir, balbutier Le fait de gémir, de grogner ou de balbutier en dormant est généralement le signe que l'on fait un **mauvais rêve**, surtout si cela se produit rarement et après un événement angoissant. Certaines personnes le font très souvent, voire toutes les nuits, en général peu après l'endormissement.

Même si l'on ne sait pas trop à quoi cela correspond, on considère que ce phénomène n'est pas pathologique. La seule chose que l'on puisse faire dans ce cas est de conseiller au conjoint d'acheter des bouchons d'oreilles.

Parler Parler en dormant (on parle de **somniloquie**) est un phénomène très banal chez l'enfant et non exceptionnel chez l'adulte.

Ce n'est pas une anomalie, même si cela peut s'avérer gênant – un dormeur trop bavard peut non seulement révéler des pensées ou des événements intimes dans son demi-sommeil, mais aussi répondre à des questions indiscrètes.

Le somnambulisme

Le somnambulisme est une **parasomnie**, c'est-à-dire un comportement anormal pendant le sommeil. C'est un trouble bénin assez courant chez l'enfant (il concernerait environ 6 % d'entre eux avant l'âge de 15 ans) et rare chez l'adulte, car il disparaît habituellement à l'adolescence. Il se produit en général au cours du premier tiers de la nuit. L'enfant se lève, déambule de façon automatique à travers la maison et, le plus souvent, se recouche rapidement.

Contrairement à une croyance tenace, il n'est pas dangereux de réveiller un somnambule, mais c'est d'une part assez difficile et d'autre part inutile (sauf dans le cas d'un danger physique) : un somnambule réveillé est confus et incapable de raconter quoi que ce soit. Le phénomène ne se produit pas au cours d'un rêve, d'autant qu'il survient au cours du sommeil lent profond. En principe, le « marcheur de nuit » n'a pas de souvenir de ses aventures nocturnes le lendemain.

Selon certaines études, le somnambulisme serait un état d'éveil incomplet du cerveau, avec blocage des mécanismes de mémorisation qui se déroulent normalement en parallèle lorsque nous sommes réveillés.

Les précautions

Les seules précautions à prendre en cas de somnambulisme sont de **prévenir un éventuel accident**. En général, quand il dort dans son environnement familier, l'enfant ne tombe pas. Mais, s'il change de maison (vacances, nuit chez les grands-parents ou des amis, déménagement), il peut chuter dans des escaliers inconnus, buter contre des objets fragiles ou dangereux, passer par une fenêtre…

Dans tous les cas, il faut éviter les lits superposés et sécuriser les issues dangereuses – fenêtres, portes, escaliers. Certains parents installent des verrous hors de portée de l'enfant, d'autres des clochettes sur les portes afin d'être réveillés en cas de déambulation nocturne.

Le réveil

L'humeur au réveil

Le réveil et le lever sont différents selon que l'on est du soir ou du matin. Les sujets du matin se réveillent instantanément et sont immédiatement (ou presque) en pleine forme. C'est l'inverse pour ceux du soir : « levés du pied gauche », ils ont besoin de temps avant d'être opérationnels. Dans ce cas, mieux vaut les laisser tranquilles et éviter de leur poser des questions tant qu'ils sont dans cet état car ils peuvent se montrer fort irritables.

Êtes-vous du matin ou du soir ?

Du matin

- Vous êtes dispos dès le réveil.
- Vous vous levez à peu près à la même heure le week-end et durant la semaine.
- Vous aimez communiquer dès le réveil.
- Vous n'avez pas trop de difficultés à vous lever à 5 heures (train ou avion à prendre).

Du soir

- Le lever est pénible, embrumé, cotonneux, avec une forte envie de rester au lit.
- Vous vous levez nettement plus tard en vacances et le week-end.
- Personne n'ose vous parler le matin !
- Vous préféreriez ne pas vous coucher du tout plutôt que de vous lever aux aurores !

Normalement, un peu avant le réveil, l'organisme se prépare en sécrétant des substances qui font remonter la tension artérielle et le pouls à bon niveau. Or il n'est pas toujours possible de laisser à ces substances le temps de faire leur travail. Les horaires professionnels permettent en général aux gens du matin d'être prêts à temps, mais ce n'est pas toujours le cas pour ceux du soir, qui, pour être en forme, auraient besoin de dormir plus tard.

La sonnerie du réveil

Pour les personnes du soir, le réveille-matin est une des choses les plus pénibles qui soient. Il est cependant indispensable, car elles ne sont jamais assurées de se réveiller à l'heure de façon spontanée.

Quand quelqu'un du matin vit avec quelqu'un du soir, il peut y avoir des frictions, surtout si les besoins de sommeil sont différents !

Mais, pour les sujets du matin, les anxieux, les ponctuels ou encore les scrupuleux, un phénomène étrange se produit souvent : un réveil se déclenche dans leur tête quelques instants avant que la sonnerie du réveil (le vrai) ne retentisse, ce qui leur permet d'être réveillés et d'arrêter la machine infernale avant qu'elle ne se manifeste. Cela est vrai quelle que soit l'heure programmée.

Réveil et phases de sommeil

Au milieu d'un cycle

Lorsqu'on se réveille non pas au moment souhaité par l'organisme mais à une heure imposée, on risque de se trouver dans un stade de sommeil plus ou moins profond et donc non prévu pour être interrompu. À l'inverse, lorsqu'une personne du matin laisse passer son heure de réveil et fait une grasse matinée, elle risque d'être confuse et grognon après son sommeil matinal supplémentaire au lieu de se trouver reposée.

Érection matinale Le matin, les hommes sont parfois en érection sans pour autant avoir la moindre pensée érotique. Il s'agit d'un phénomène physiologique lié au fait qu'ils se sont réveillés au cours d'une phase de sommeil paradoxal ou juste après. Cela n'a rien d'alarmant ni de scandaleux.

L'hypotension orthostatique

Dans l'hypotension dite orthostatique, la tension chute, éventuellement de plusieurs points, lorsque le sujet passe rapidement de la position couchée à la position debout.
Ce trouble de la régulation de la pression artérielle est le plus souvent dû à un traitement, mais une maladie peut être en cause. Il peut occasionner des étourdissements, des vertiges, voire une perte de connaissance.
Lorsque l'épisode d'hypotension survient la nuit en cas de lever pour une raison quelconque, une chute est possible, avec un risque de fractures chez les personnes âgées et/ou fragiles.
En cas d'hypotension orthostatique, il est conseillé de se lever en plusieurs temps, par exemple en s'asseyant au bord du lit pendant 2 à 3 minutes avant de se mettre en position verticale.

Le sommeil dans la journée

La sieste est fortement ancrée dans les cultures des pays chauds, où elle se révèle indispensable pendant les heures les plus torrides de la journée, autour de 13-14 heures. Elle est probablement un des moyens que nos ancêtres ont trouvés pour survivre dans les régions équatoriales et subtropicales d'Éthiopie au temps de Lucy : dormir, c'était se mettre dans un abri frais, ne plus bouger et donc abaisser sa température corporelle au moment où la température extérieure était la plus élevée.

La sieste chez l'enfant

La sieste est un **moment privilégié** chez les jeunes enfants, et elle doit être encouragée chaque fois qu'ils le demandent ou qu'ils montrent des signes de fatigue.

Dans les écoles maternelles (petites sections surtout), un coin tranquille et sombre équipé de matelas est prévu pour que les enfants puissent se reposer après le déjeuner ou quand ils en éprouvent le besoin sans même en demander la permission.

La sieste chez la personne âgée

Comme les jeunes enfants, beaucoup de personnes âgées ont un sommeil **polyphasique**, c'est-à-dire composé de plusieurs sommes dans la journée et d'un sommeil raccourci la nuit, ce dont elles se plaignent souvent. En réalité, si l'on additionne le nombre d'heures passées à dormir par 24 heures, on réalise qu'elles dorment à peu près autant qu'un adulte actif. Il s'agit donc d'une vraie insomnie nocturne, mais sans dette de sommeil.

En dehors de cette sensation de mal dormir, la multiplication des siestes a tendance à isoler la personne âgée : en dormant ou en somnolant quand tout le monde vit, elle se désintéresse progressivement de son environnement, ce qui l'expose à un risque de retrait, voire de dépression.

Il est donc recommandé de **réduire autant que faire se peut** ces périodes de sieste, de manière à ne pas réaliser l'adage « Vieillard qui dort avance vers la mort ».

La sieste chez l'adulte actif

Dans les régions tempérées ou froides, les adultes font peu la sieste : le sommeil est dit **monophasique**, c'est-à-dire qu'il s'effectue d'un seul tenant, la nuit. On considère qu'une sieste d'une durée supérieure à 20 minutes (30 minutes étant un vraiment un maximum) perturbe le rythme et risque de provoquer une insomnie, alors qu'au contraire une sieste brève (de 2 à 20 minutes) est très hygiénique et a un effet bénéfique sur la forme.

Dormir par ennui et inactivité

Ernestine a 80 ans. Veuve depuis quinze ans, elle a retrouvé un équilibre satisfaisant. Elle ne se sent ni triste ni angoissée. Elle se porte plutôt bien, mais elle dort mal. Elle attend le sommeil pendant des heures, se réveille plusieurs fois chaque nuit, met beaucoup de temps à se rendormir et, enfin, se réveille très tôt le matin.

Quand on lui parle de sa vie, Ernestine finit par avouer qu'elle s'ennuie.

Ses amies sont décédées ou habitent désormais en maison de retraite, ses enfants et petits-enfants sont installés loin de chez elle.

Quand on l'interroge sur ses horaires, elle explique qu'elle dîne vers 18 h 30, puis se met au lit devant la télévision, somnole et finit par éteindre vers 21 heures. À partir de 1 heure du matin, son sommeil commence à être perturbé par de multiples éveils.

Elle se réveille complètement vers 5 heures mais reste au lit, en somnolant, jusqu'à 9 heures-9 h 30.

Dans la journée, elle passe beaucoup de temps sur un fauteuil relaxant à regarder la télévision.

Lorsqu'on comptabilise son nombre d'heures de sommeil, on arrive à au moins 7-8 heures, mais les horaires aberrants, en grande partie dus au manque d'activité, ainsi que la somnolence dans la journée sont à l'origine du manque de continuité du sommeil.

Pour Ernestine, la meilleure solution à ce problème de sommeil serait de se consacrer chaque jour à des activités adaptées à son âge et à ses goûts, si possible en société, pour éviter de trop dormir dans la journée et de se coucher trop tôt.

LE SOMMEIL CHEZ L'ANIMAL

Les animaux dorment-ils ?

Pour déterminer de manière certaine qu'un animal dort, il faut pouvoir enregistrer son sommeil en lui posant des électrodes sur la tête. C'est pourquoi il est difficile de répondre à cette question pour des animaux comme les bactéries ou encore les mollusques. Concernant les poissons, rien n'est certain, même si les aquariophiles et les pêcheurs constatent qu'il existe des périodes de repos la nuit. Les lézards dorment, c'est à peu près sûr, et il n'y a aucun doute pour les animaux à sang chaud, mammifères et oiseaux.

Les animaux rêvent-ils ?

Tant que l'on n'aura pas trouvé le moyen d'interviewer les rats ou les mésanges pour leur demander au réveil à quoi ils ont rêvé, il sera difficile, pour ne pas dire impossible, de répondre avec certitude à cette question. Pourtant, les chasseurs savent bien qu'au retour de leurs expéditions les chiens s'agitent lorsqu'ils dorment au coin du feu, remuent les pattes ou s'immobilisent comme s'ils étaient à l'affût.

Une expérience de Michel Jouvet (neurophysiologiste qui a découvert le sommeil paradoxal) apporte un éclairage intéressant. Il existe dans le cerveau un petit noyau, le *nucleus cœruleus*, qui se met à fonctionner au cours du sommeil paradoxal. Il semble que cette structure serve à paralyser le dormeur pour l'empêcher de mettre son rêve en action, ce qui lui évite par exemple de se jeter par la fenêtre pour s'envoler. En détruisant le *nucleus cœruleus* et en enregistrant ses chats, Jouvet a pu observer qu'au cours de leur sommeil paradoxal ils lapaient un lait imaginaire, chassaient des souris virtuelles, crachaient de colère, s'accouplaient avec un partenaire onirique, etc. Bref, ils vivaient (en rêve ?) leur vie de chat. C'est à partir de cette observation que les chercheurs pensent que les animaux rêvent, au moins au cours du sommeil paradoxal.

2

L'étude du sommeil

> L'agenda de sommeil

> Les examens du sommeil

L'agenda de sommeil

L'agenda de sommeil est la **base de la connaissance** de son propre sommeil. C'est en le remplissant quotidiennement que l'on prend conscience du caractère répétitif de certaines insomnies, que l'on découvre des facteurs déclenchants et que l'on peut aller plus loin dans la recherche des causes de mauvais sommeil.

Le rythme hebdomadaire

En remplissant ce type de grille, certaines personnes prennent conscience du caractère hebdomadaire de leurs insomnies. Elles dorment généralement bien les nuits du mardi au mercredi, du mercredi au jeudi et du jeudi au vendredi. Elles se couchent un peu plus tard le vendredi soir, font une **grasse matinée** le samedi matin, sortent encore plus tard le samedi soir et font une seconde grasse matinée le dimanche matin. Le dimanche soir, elles font l'erreur de vouloir se coucher plus tôt afin d'être en forme le lendemain, et elles n'arrivent pas à trouver le sommeil car c'est effectivement trop tôt. Elles sont donc souvent insomniaques le dimanche et le lundi soir et dorment assez bien le reste de la semaine.

Le début des vacances

C'est le même mécanisme, c'est-à-dire le **retard de phase**, classique quand les contraintes du lever disparaissent, qui déclenche des difficultés au cours de la première semaine de vacances.

Chez les personnes actives dans l'année qui décalent leurs rythmes dès le début des vacances, le changement d'horaires de sommeil peut entraîner une fatigue, une irritation, des maux de tête, une morosité… La grasse matinée ne repose pas toujours, en particulier ceux qui sont du matin.

Le cycle menstruel

En remplissant le tableau de l'agenda de sommeil, certaines femmes réalisent qu'elles dorment souvent moins bien, parfois plus longtemps, et se sentent plus ou moins tristes et agressives au cours de la période qui précède les règles ou pendant cellesci, et qu'elles retrouvent une humeur et un sommeil satisfaisants après les menstruations. Les difficultés de sommeil sont l'un des signes du **syndrome prémenstruel** (voir p. 79).

AGENDA DE SOMMEIL, MODE D'EMPLOI

Indiquez :

– l'heure de votre coucher (↑) ;
– l'heure de votre lever (↓) ;
– la durée de votre nuit (zone grisée) ;
– les moments où vous avez envie de dormir (bâillements) (0) ;
– les moments où vous avez dormi dans la journée (dans votre lit ou ailleurs) (●).

Donnez une note sur 10 :

– à votre nuit, selon la qualité de votre sommeil (à remplir le matin) ;
– à votre journée, selon la qualité de votre éveil (à remplir le soir).

Notez précisément toute prise de médicaments autres que ceux qui vous ont été prescrits.

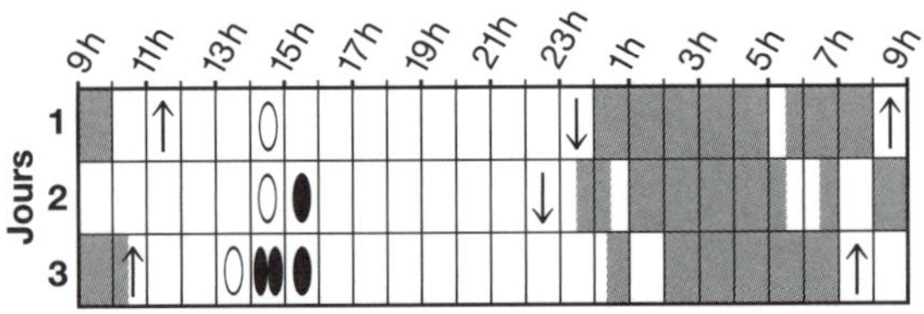

note sur 10		Médicaments ou observations
nuit	jour	
7	8	
6	5	
4	8	

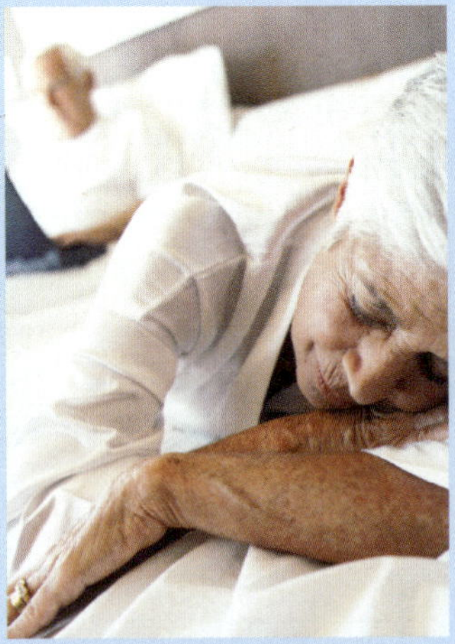

Agenda du sommeil

Mois / année : .... Mme, Mr : ....

Jours	9h	11h	13h	15h	17h	19h	21h	23h	1h	3h	5h	7h	9h	note sur 10 nuit	note sur 10 jour	Médicaments ou observations
1																
2																
3																
4																
5																
6																
7																
8																
9																
10																
11																
12																
13																
14																
15																
16																
17																
18																
19																
20																
21																
22																
23																
24																
25																
26																
27																
28																
29																
30																
31																

> Grille d'agenda de sommeil.

Faites des photocopies de cette grille et efforcez-vous de la remplir pendant quelques semaines.

Les examens du sommeil

L'actimétrie

Cet examen très simple mesure l'**activité musculaire** et met ainsi en évidence les rythmes d'activité d'un individu. Peu coûteux, l'actimètre ressemble à une montre-bracelet que l'on porte du côté non dominant (à gauche pour un droitier) pendant une période allant de deux jours à deux semaines, parfois plus longtemps.

Il donne une idée très précise des mouvements du sujet et donc de ses périodes de sommeil : on peut repérer les périodes où il dort sans s'en rendre compte, ses rythmes (retard ou avance de phase) et ses erreurs d'organisation (siestes trop longues, hyperactivité le soir, notamment).

L'enregistrement du sommeil

Cet examen, également appelé **polysomnographie**, est long, mais il n'est pas douloureux et ne comporte aucun risque.

Il est surtout indiqué en cas d'**hypersomnie** (excès de sommeil) et de **parasomnie** (somnambulisme et autres comportements anormaux pendant le sommeil). En matière d'insomnie, le médecin peut toutefois être amené à demander un enregistrement du sommeil pour rechercher une cause spécifique telle que les apnées du sommeil (voir p. 84-86) ou les mouvements périodiques des jambes (voir p. 82-83).

En pratique

L'enregistrement se fait sur une durée de une ou deux nuits **à l'hôpital** (dans un service spécialisé) ou bien **à domicile** (il s'agit alors d'un enregistrement Holter de sommeil).

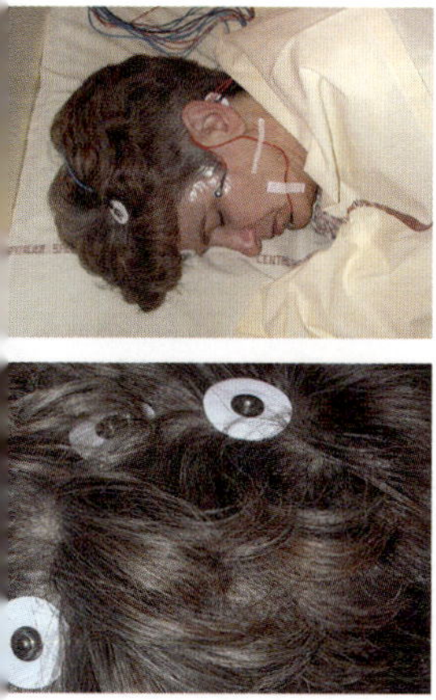

> Enregistrement du sommeil.
Des électrodes fixées sur le cuir chevelu enregistrent l'activité électrique du cerveau.

Différentes électrodes permettent de capter et de mémoriser des données significatives de la qualité (sommeil profond ou sommeil paradoxal) et de la quantité de sommeil :

– les électrodes placées sur la **tête** mesurent l'activité électrique du cerveau (électroencéphalogramme), différente selon la phase de sommeil ;

– autour des **yeux**, elles enregistrent la mobilité des yeux (oculogramme), importante pendant le sommeil paradoxal ;

– sur les muscles du **menton**, les électrodes relèvent l'activité musculaire, qui est également plus importante pendant le sommeil paradoxal.

Ces trois enregistrements sont parfois complétés par d'autres examens :

– des électrodes fixées sur la **poitrine** donnent les battements du cœur (électrocardiogramme) ;

– un capteur placé devant le **nez** relève le flux aérien (les échanges respiratoires) ;

– une ceinture **pectorale** et une ceinture **abdominale** mesurent les mouvements respiratoires ;

– une électrode placée sur chaque **mollet** enregistre les mouvements des jambes ;

– une pince placée au bout du **doigt** ou une électrode chauffante fixée sur la **poitrine** donne l'oxygénation du sang (saturation en oxygène et, éventuellement, en CO_2), ce qui permet de savoir si les éventuelles apnées du sommeil provoquent ou non de brèves phases d'asphyxie.

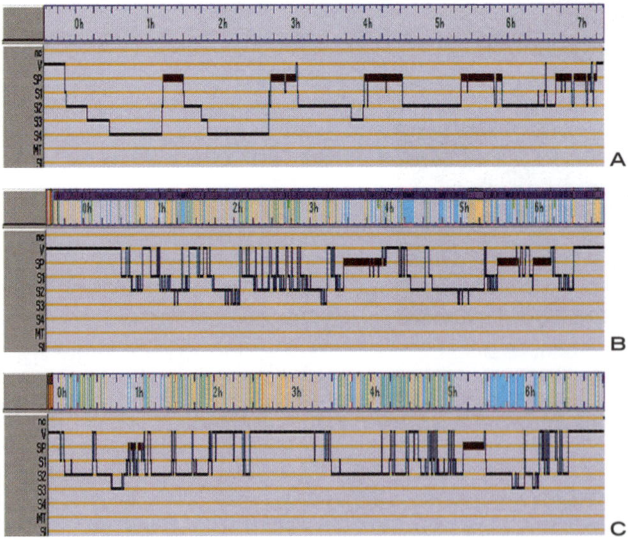

> Différents enregistrements.
La figure **A** montre l'enregistrement d'un sommeil normal (sans insomnie).

En **B**, on note une insomnie d'endormissement ainsi que plusieurs réveils pendant la nuit.

En **C**, on observe de nombreux réveils, dont un très long entre 2 heures et 3 h 30, ainsi qu'une insomnie matinale à partir de 6 heures.

3

Les facteurs influençant le sommeil

> Les grands rythmes de l'organisme

> Le sommeil en fonction de l'âge

Les grands rythmes de l'organisme

Les organismes vivants ne sont pas immuables. Ils sont au contraire soumis à des changements cycliques, dont le plus important en matière de sommeil est le rythme circadien (24 heures).

Le rythme circadien

C'est **le plus important** de tous nos rythmes. La plupart de nos cycles respectent une périodicité circadienne (qui se répète toutes les 24 heures environ) : alternance veille-sommeil, variations de la fréquence cardiaque et de la tension, sécrétions hormonales, activité des neurotransmetteurs et des récepteurs, division des cellules...

Le rôle de la température

Tous ces paramètres suivent une sorte de maître rythme : la température corporelle centrale. Pour bien se porter, c'est-à-dire avoir un bon moral, se sentir vigoureux et intellectuellement performant, il faut que la température centrale du corps baisse suffisamment la nuit (condition d'un sommeil profond) et remonte suffisamment le jour.

En fonction d'éléments probablement génétiques, certaines personnes sont « du matin » et d'autres « du soir ». Cette typologie reflète des profils différents des **courbes de température**. Ainsi, la température des sujets du matin remonte

Dormir hors du temps

Comment dort-on lorsqu'on n'a plus aucun repère social et que l'on ne sait plus s'il fait jour ou nuit ?
C'est à cette étonnante question que Michel Siffre, géologue, spéléologue, aventurier et homme de science, a voulu répondre en se livrant à des expériences hors du temps.
Reclus pendant plusieurs mois au fond d'une grotte à température constante, n'ayant aucun moyen de connaître l'heure ou la date, il a accepté d'être équipé d'électrodes et enregistré.
Grâce à cette expérience, on a constaté que l'homme a naturellement tendance à vivre selon des cycles un peu plus longs que 24 heures, plus proches de 25 heures et qui peuvent même s'allonger jusqu'à 48 heures. Dans ce cas, 14 heures de sommeil d'affilée alternent avec 34 heures de veille et le sujet reste persuadé d'avoir vécu 24 heures. D'autres expériences ont ainsi montré que des chercheurs tabagiques fumaient un paquet par 48 heures tout en étant convaincus d'avoir fumé autant que d'habitude, c'est-à-dire un paquet par jour.
Notre perception du temps est donc bien fragile et essentiellement réglée par la vie sociale et l'alternance lumière-obscurité du jour et de la nuit.
Comme Michel Siffre, les cosmonautes ne vivent pas d'alternance jour-nuit sur 24 heures. En revanche, ils ont des montres et des contacts radio avec la Terre et connaissent la date et l'heure. De cette manière, ils arrivent à dormir de manière relativement correcte malgré l'apesanteur.

plus tôt et plus franchement mais décline lentement à partir de 18 heures, alors que celle des sujets du soir remonte plus tardivement, plus lentement, mais se maintient beaucoup plus tard le soir pour s'effondrer brutalement vers minuit. On peut aussi être neutre, c'est-à-dire ne pas être pas particulièrement du matin ou du soir.

Cette distinction est importante car elle a de nombreuses incidences sur le mode de vie.

Les sujets du matin

Au réveil, les sujets du matin sont immédiatement en forme et prêts à travailler. Le soir, en revanche, ils somnolent devant la télévision ou avec les invités. Souvent ponctuels, ils sont en général commerçants, employés, fonctionnaires, et recherchent des **horaires réguliers** et immuables. En revanche, ils supportent mal les nuits blanches, les fêtes qui se succèdent, les grasses matinées, les voyages avec décalage horaire, les métiers impliquant des gardes de nuit, etc.

Les sujets du soir

À l'opposé, les sujets du soir ont des réveils longs et difficiles, ils sont souvent de mauvaise humeur jusqu'au milieu de la matinée. Il ne faut rien leur demander au saut du lit, sous peine de se faire houspiller. Le soir, ils n'ont jamais envie de se coucher, ils lisent, écrivent, sortent, font la fête ou surfent sur Internet. Ils supportent facilement le décalage horaire, le travail de nuit, etc. Ils ont du mal à être à l'heure. Les personnes dont le métier implique des **horaires irréguliers** – les comédiens, chanteurs, journalistes, hôtesses de l'air, infirmiers ou médecins de garde… – ont plutôt intérêt à être du soir.

La vie de couple

Tous ces rythmes sont parfaitement normaux et ne gênent pas (trop) les célibataires. Mais tout peut changer si, par exemple, un homme franchement du matin et court dormeur épouse une femme du soir et longue dormeuse. Elle réveillera son mari en se couchant et il la dérangera alors qu'elle est en milieu de nuit. Ce cas de figure peut être à l'origine de **conflits**, voire de ruptures.

En comprenant ces différences de rythme de vie, on les accepte volontiers et l'on apprend à respecter le sommeil de l'autre. Parfois, la seule solution consiste à faire chambre à part.

> À l'opposé. Les différences de rythme entre deux personnes sont très faciles à percevoir : l'un se couche tôt et se lève de bon matin en forme, l'autre tient le coup tard mais a du mal à se réveiller le matin. Le premier a plutôt froid le soir, le second plutôt le matin.

Les autres rythmes

Les rythmes ultradiens Ils ont une périodicité inférieure à 24 heures, comme le rythme cardiaque (environ 1 seconde), celui de la respiration (quelques secondes) ou celui du sommeil paradoxal (90 minutes).

Les rythmes infradiens Leur périodicité est supérieure à 24 heures.

- **Les rythmes circahebdomadaires (7 jours).** La vie sociale impose des rythmes particuliers. C'est ainsi que l'alternance travail-repos scande la semaine et modifie nos habitudes. L'augmentation constatée du nombre d'accidents de voiture, d'in-

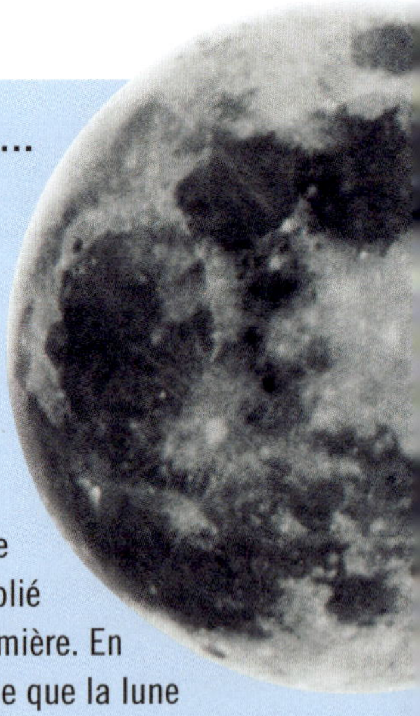

Le sommeil a rendez-vous avec la lune...

Certaines personnes pensent que la pleine lune favorise l'insomnie (au même titre que le suicide, le meurtre ou l'accouchement). Des recherches ont été entreprises afin de vérifier ces croyances. Il n'en ressort rien. Il ne semble donc pas que la lune soit capable d'influencer le comportement humain. Tout se passe comme si l'action du soleil et de la lumière du jour était trop importante pour permettre à la lune de jouer un rôle perceptible, sauf, bien entendu, si la clarté lunaire est tellement importante qu'elle inonde la chambre à coucher, perturbant le sommeil comme si l'on avait oublié d'éteindre la lumière. En réalité, il semble que la lune influence uniquement le sommeil de ceux qui croient en son pouvoir.

farctus du myocarde et de tentatives de suicide le lundi matin est probablement en partie le reflet de la perturbation chronobiologique (retard de phase) provoquée par le week-end.

Il existe également des variations notables du sommeil en fonction du jour de la semaine.

● **Les rythmes circamensuels.** Entre 15 et 50 ans, les femmes sont soumises à un rythme de **28 jours** dicté par l'alternance ovulation-menstruation et par l'imprégnation hormonale variable qui en résulte. Ces variations hormonales modifient spécifiquement le sommeil et peuvent induire des perturbations (voir p. 79).

On peut également souligner que les femmes dorment en moyenne 30 minutes de plus que les hommes.

● **Les rythmes circannuels.** Sous nos climats tempérés, l'alternance régulière des saisons et la variation de la durée d'ensoleillement qui en découle modifient le sommeil.

Entre l'hiver et l'été, on peut ainsi noter une différence de durée qui peut atteindre 1 heure de plus pour l'hiver.

Le sommeil en fonction de l'âge

Le sommeil du fœtus

Le bébé présente déjà des phases de sommeil distinctes dans le ventre de sa mère. Chez les garçons, des périodes d'érection caractéristiques du sommeil paradoxal (voir p. 24) ont même été repérées.

Le fœtus dort, comme nous, et il est très **sensible au bruit**. C'est l'une des raisons pour lesquelles il est important que les futures mamans évitent les ambiances trop bruyantes ainsi que les bruits explosifs. Un environnement calme et relaxant, respectant les périodes de sommeil du futur bébé, est essentiel.

Le sommeil du bébé et de l'enfant

Les jeunes enfants dorment plus que les adultes, c'est une évidence, mais ils ont aussi des stades de sommeil spécifiques, avec notamment un **sommeil agité** précurseur du sommeil paradoxal.

La part respective des différents stades évolue avec le temps. Au début, le sommeil lent profond est très important. Il permet aux enfants de grandir puisque c'est au cours de ce stade particulier qu'est sécrétée la totalité de l'hormone de croissance. L'enfant grandit donc bien en dormant.

La quantité nécessaire de sommeil diminue progressivement et, en général, la sieste disparaît peu à peu à partir de 3-4 ans.

Le sommeil de l'adolescent

Pour les parents, il est souvent agaçant de voir un adolescent ensommeillé émerger vers 1 heure de l'après-midi et s'attabler l'air de rien devant son petit déjeuner alors que le reste de la famille en est déjà au gigot dominical. Pourtant, ce décalage est tout à fait normal !

Ce phénomène dit de **retard de phase** (voir p. 81-82) est à la fois culturel (c'est la période des fêtes et des longues conversations au téléphone ou sur Internet avec les amis) et physiologique. Il doit par conséquent être toléré s'il reste dans des limites raisonnables.

En dehors des vacances et des week-ends, ce rythme de vie (coucher et lever très tardifs) peut altérer les performances et la vie scolaires. Il faut alors intervenir, soit en réveillant plus tôt l'adolescent qui, fatigué, finira par se coucher plus tôt, soit, si on lui trouve un comportement étrange, déclencher une consultation afin d'éliminer un éventuel processus psychotique, une toxicomanie ou une dépression... Sans être trop anxieux, les parents doivent être vigilants. Il ne faut pas oublier que 8 % environ des adolescents commettent au moins une tentative de suicide et que, après les accidents de la route, le suicide est la deuxième cause de mortalité pour cette tranche d'âge.

L'adulte actif, l'adulte en vacances

Pendant le week-end ou au début des vacances, de nombreuses personnes, fatiguées par leur travail, font des grasses matinées pour récupérer. Or, souvent, on constate qu'elles ont parallèlement du mal à s'endormir le soir (insomnie d'endormissement) et deviennent irritables. Elles sont de mauvaise humeur voire déprimées le matin, ce qui gâche leurs vacances et celles de leur famille. Ce **changement brutal de rythme**, avec un retard de phase provoqué par un lever trop tardif, est souvent la cause de cette perturbation, surtout chez les sujets habituellement du matin. On observe le même phénomène chez les jeunes retraités.

Pour retrouver l'équilibre, il est recommandé de se lever à peu près à la même heure qu'en période d'activité et de ne s'octroyer du repos supplémentaire le matin que progressivement, le temps que l'organisme s'adapte. Les grasses matinées ne sont pas toujours reposantes, comme l'illustre le proverbe « Sommeil du matin, chagrin ! »

Le vieillissement du sommeil

La qualité du sommeil s'altère avec l'âge – il est évident qu'on ne dort pas à 80 ans comme à 30. En revanche, le temps de sommeil n'est pas forcément réduit. Ce qui diminue avec l'âge, c'est plutôt le temps de sommeil nocturne ; mais, si l'on additionne les siestes et les assoupissements devant la télé, on arrive à des totaux comparables à ceux de l'adulte actif.

Le sommeil **tend à se fragmenter**, avec moins de phases de sommeil profond et de sommeil paradoxal, plus de phases de sommeil léger et davantage de réveils plus ou moins prolongés.

Un rythme perturbé

Par ennui, les personnes âgées ont tendance à dîner et à se coucher tôt, vers 19-20 heures, surtout lorsqu'elles vivent en institution. Elles s'endorment assez vite et se réveillent vers 2-3 heures du matin. Leur nuit est alors terminée, mais compte tenu de l'heure, elles ont la sensation de devoir encore dormir et prennent un **somnifère** (hypnotique) qui les plonge dans un sommeil artificiel. Ces médicaments sont à l'origine d'une somnolence dans la journée et d'une baisse de vigilance qui explique un grand nombre de chutes, donc de traumatismes et de fractures, en particulier du col du fémur. En restant actif et dynamique le jour, on parvient à mieux dormir la nuit et à éviter la prise régulière de somnifères.

Le sommeil en fonction de la culture et des climats

Sommeil et chaleur

Les Andalous dînent aux alentours de 22-23 heures, se couchent entre 1 heure et 2 heures du matin, se lèvent relativement tôt et font une longue sieste de midi à 16 heures. En fragmentant de cette manière leur sommeil en deux parties à peu près égales, ils échappent à la chaleur torride du milieu de la journée et peuvent profiter de la fraîcheur de la nuit.

Sommeil et froid

Les Inuits (Esquimaux) qui vivent encore de façon traditionnelle ont tendance à dormir plus en hiver, pendant la longue nuit polaire, et à réduire leur temps de sommeil l'été, quand le soleil ne se couche pas. C'est pour eux une question de survie : ils économisent leur énergie en hiver, tandis qu'en été ils consacrent beaucoup de temps à chasser et à accumuler des réserves, ce qui implique une forte dépense d'énergie.

Sommeil et culture

Les Papous Tin Dana vivent en permanence dans l'angoisse de voir leur corps se fragmenter car, selon leurs croyances, leurs organes s'opposent les uns aux autres. De plus, les hommes passent la nuit ensemble dans la même « longue maison » et, chaque fois que l'un d'eux fait un rêve et se réveille, il appelle le reste de la tribu afin de le lui raconter. Chacun propose alors son interprétation. Les Tin Dana ne dorment jamais plus de 1 h 30 d'affilée et ne s'en portent pas plus mal. Du coup, dans la journée, ils s'endorment n'importe où dès qu'ils en ressentent l'envie.

4

Les causes d'insomnie

> Qu'est-ce que l'insomnie ?

> Les causes de l'insomnie

> Les causes environnementales

> Des rythmes perturbés

> Les causes psychologiques et psychiatriques

> Les causes organiques

> Les maladies du sommeil

> Les troubles associés

> À quoi sert l'insomnie ?

Qu'est-ce que l'insomnie ?

Une plainte subjective

L'insomnie est une sensation subjective qui peut concerner aussi bien la **qualité** du sommeil (« je dors mal ») que sa **quantité** (« je ne dors pas assez »). Le sommeil est ressenti par la personne comme inadéquat ou non réparateur.

Il ne faut pas oublier que c'est au réveil et non pendant que l'on dort que l'on juge de son sommeil. L'appréciation est donc par définition subjective. Si l'on est en forme, on pense que l'on a bien dormi ; dans le cas contraire, on se dit que l'on a mal dormi. Même avec un enregistrement du sommeil (voir p. 40-42), il n'est pas toujours possible de se prononcer : le tracé peut être normal alors que la personne estime le matin qu'elle a mal dormi.

Des critères objectifs

Il existe malgré tout des critères objectifs, montrant une réelle dette de sommeil : une mauvaise concentration, des problèmes de mémoire et, surtout, une somnolence dans la journée sont des conséquences directes du manque de repos.

Une personne qui a la sensation de ne pas dormir mais qui n'a pas sommeil dans la journée et n'a pas de difficulté à se concentrer n'a pas de dette de sommeil. Dans ce cas, souvent, le sujet pense ne pas avoir fermé l'œil de la nuit alors qu'il a réellement dormi – ce qui est objectivement vérifié par le partenaire ou par un enregistrement. On parle alors d'**hypnoagnosie** ou d'insomnie subjective.

Les moments de l'insomnie

On distingue trois types d'insomnie, selon le moment où la difficulté de sommeil se produit.

- **L'insomnie d'endormissement.** Elle survient en début de nuit. La personne n'arrive pas à trouver le sommeil, se plaint de mettre trop de temps à s'endormir (généralement plus de 30 minutes) ou de se réveiller très vite.

La fréquence de l'insomnie

Les enquêtes montrent qu'environ une personne sur trois affirme avoir des difficultés d'endormissement ou de maintien du sommeil. Mais, si l'on applique des critères diagnostiques plus sévères, on constate que la moitié d'entre eux seulement est réellement insomniaque, avec des troubles fréquents et/ou de longue durée. On peut donc considérer que 20 % environ de la population souffre véritablement d'insomnie.

- **L'insomnie de maintien du sommeil.** L'insomniaque n'arrive pas à rester endormi, il se réveille une ou plusieurs fois dans la nuit. Ces éveils nocturnes peuvent avoir une durée variable, de quelques minutes à plusieurs heures.
- **L'insomnie matinale.** Le sujet se réveille trop tôt selon lui, 1 h 30 au moins avant l'heure souhaitée.

Un sommeil haché

Malgré un temps de sommeil normal, des horaires satisfaisants et une absence de réveils nocturnes (ou de souvenir de réveils nocturnes), il arrive que le lever soit difficile le matin, accompagné d'une sensation de sommeil non réparateur.

Pour être mémorisée et donc pour qu'il en reste une trace le lendemain, la durée d'un éveil nocturne doit être de l'ordre d'au moins 1 à

L'obsession du sommeil

Une expérience très simple a été menée sur une trentaine d'étudiants en bonne santé et bons dormeurs. Ils furent installés dans un dortoir et, au moment d'éteindre, le chercheur leur annonça : « Mille euros au premier qui s'endort ! » Le lendemain matin, aucun n'avait réussi à s'endormir... C'est que, pour s'endormir, il ne faut pas chercher à s'endormir : un insomniaque peut facilement trouver le sommeil devant la télévision ou dans un train, alors qu'il éprouvera les pires difficultés à s'endormir le soir dans son lit.
Moralité : pour faire dormir un insomniaque, il faut le convaincre de ne pas chercher à dormir...

3 minutes. Heureusement d'ailleurs, car tout le monde ou presque se réveille la nuit ! Mais certaines personnes se réveillent très souvent et très brièvement, ce qui fait qu'elles ont l'impression d'avoir dormi d'une traite tout en étant fatiguées au réveil.

Insomnie transitoire et insomnie durable

L'insomnie transitoire

Nous pouvons tous passer de temps en temps une mauvaise nuit, ce n'est **ni anormal ni dramatique**. Il s'agit souvent d'une réaction liée à l'anticipation d'un événement, qu'il soit heureux (mariage) ou malheureux (enterrement).

L'insomnie est également une manière pour l'organisme de s'exprimer, de tirer une sonnette d'alarme, en cas de fièvre d'origine infectieuse par exemple. Face à une insomnie qui ne dure que quelques jours, mieux vaut essayer de comprendre ce qui arrive, ce qui a pu la provoquer, plutôt que de prendre tout de suite un somnifère.

L'insomnie durable

Pour véritablement porter le diagnostic d'insomnie en tant que maladie, il faut que les troubles se produisent **plusieurs fois par semaine** et qu'ils durent au moins **depuis un mois**. L'insomnie, chronique et invalidante, doit, dans ce cas, amener à consulter un médecin.

Les causes de l'insomnie

L'insomnie est dite **primaire** si on ne lui trouve pas de cause et **secondaire** si elle est provoquée par une cause précise, qu'il s'agisse d'une maladie physique ou mentale, d'une perturbation de l'environnement ou d'un trouble spécifique du sommeil. Dans ce cas, le médecin s'attachera avant tout à traiter l'origine du trouble.

L'insomnie primaire

Lorsque aucune cause précise, médicale, psychiatrique ou environnementale (bruit, notamment), ne peut expliquer une insomnie qui persiste et retentit fortement sur la vie de l'individu, on parle d'insomnie primaire ou **psychophysiologique**.

On ne sait pas grand-chose de cette forme d'insomnie probablement liée à un dysfonctionnement des horloges du cerveau, responsables de l'apparition régulière du sommeil. Elle est très difficile à supporter car elle envahit la vie de l'individu, occupe parfois le plus clair de ses pensées et de son énergie, et a tendance à s'autoalimenter.

Les critères du diagnostic

Selon une classification utilisée au plan international (le DSM IV, ou 4ᵉ édition du *Diagnostic and Statistic Manuel*), on parle d'insomnie primaire lorsque les critères suivants sont réunis :

– la plainte essentielle est une **difficulté d'endormissement** ou de maintien du sommeil, ou bien un sommeil non réparateur, ceci pendant au moins un mois ;

– la perturbation du sommeil (ou la fatigue diurne associée) est à l'origine d'une **souffrance** marquée ou d'une altération de la vie quotidienne, professionnelle, familiale, relationnelle... ;

– la perturbation du sommeil ne survient pas exclusivement au cours d'un trouble ou d'une maladie liés au sommeil, tels que narcolepsie, parasomnie, apnées du sommeil (voir p. 84-86) ;

– la perturbation ne survient pas non plus exclusivement au cours d'un trouble mental (dépression, anxiété, delirium, par exemple) ;

Définitions

– Une **parasomnie** est un comportement anormal pendant le sommeil. La plus courante est le somnambulisme (voir p. 26-27), mais il en existe d'autres, comme les terreurs nocturnes (chez l'enfant).

– La **narcolepsie** est une maladie caractérisée par un besoin subit de sommeil dans la journée.

– Une **hypersomnie** est un excès de sommeil, qui se traduit plutôt par des épisodes de somnolence.

– la perturbation n'est pas liée aux effets physiologiques directs d'une substance ou d'un médicament, ni à une affection médicale générale.

Les insomnies secondaires

À l'origine de l'insomnie, on trouve des facteurs à la fois nombreux et de natures très variées.

- **Des causes environnementales** (voir p. 63-65) : elles sont simples à identifier (le bruit ou la lumière, par exemple).
- **Une perturbation des rythmes naturels** (voir p. 66-69) : le décalage horaire et le travail de nuit sont des causes ponctuelles ou permanentes de mauvais sommeil.
- **Des causes psychologiques** et **psychiatriques** (voir p. 70-76) : ce sont notamment le stress et la dépression.
- **Des causes organiques** (voir p. 77-80) : une douleur ou une gêne physique empêche de s'endormir et réveille au cours de la nuit.
- **Des maladies du sommeil** (voir p. 81-88) : dans ce cas, l'insomnie est provoquée par un trouble du sommeil lui-même (un retard de phase, une narcolepsie) ou par des symptômes qui surviennent principalement pendant le sommeil (des mouvements des jambes, des apnées du sommeil, par exemple).

Les causes environnementales

Il est difficile de dormir dans un milieu non sécurisant ou trop bruyant. Une **température** de la chambre trop élevée ou au contraire trop basse, une **literie** inconfortable (elle doit être renouvelée régulièrement), un appartement ou un immeuble agités, une lumière trop forte sont autant d'éléments qui nuisent à la qualité du sommeil.

À cela s'ajoutent des erreurs de diététique courantes. Un dîner copieux ou lourd, trop salé ou trop arrosé, le fait de beaucoup boire d'eau le soir peuvent gêner le sommeil.

Le bruit

● **Dormir dans le bruit.** Le bruit perturbe le sommeil, soit en l'empêchant, soit en l'interrompant. À cet égard, les bruits discontinus (trains, aéroport…) sont plus nocifs que les bruits continus (cascade, autoroute). Quant aux bruits prétendument bien tolérés, auxquels on pense s'être habitué et qui ne gênent apparemment plus le sommeil, ils sont également nuisibles (voir encadré p. 64).

Dormir après une journée bruyante. L'exposition à des bruits importants dans la journée (sur le lieu de travail, dans les transports…) peut aussi altérer le sommeil de la nuit suivante, même si l'on dort dans une pièce silencieuse. Les nuisances sonores peuvent être à l'origine de problèmes vasculaires (tension élevée), d'une fatigue, voire d'une fragilité immunitaire.

L'expérience de la chambre bruyante

Un sujet dort dans une pièce isolée ; son sommeil est enregistré. Après quelques nuits d'habituation, un bruit est produit dans la chambre et on constate :

– Un éveil comportemental : le sujet se plaint d'être réveillé.

– Un éveil électrique : le cerveau émet des ondes caractéristiques de la réaction d'éveil.

– Une réaction cardio-vasculaire : le pouls et la tension augmentent brutalement, puis diminuent.

Au bout de quelques nuits, le sujet s'habitue au bruit : il n'y a plus d'éveil comportemental, mais l'éveil électrique et la réaction cardiaque persistent. Encore quelques nuits plus tard, l'éveil électrique disparaît, le cerveau s'est habitué à son tour, mais la réaction cardiaque persiste.

Cette expérience montre que, même si l'on croit s'être habitué à dormir dans le bruit, le pouls et la tension continuent à réagir – il n'existe pas d'habituation cardio-vasculaire.

Selon certains chercheurs, le bruit serait même responsable d'une élévation chronique de la tension artérielle.

Si la chambre à coucher est bruyante, il est important de faire le silence (isolation phonique, bouchons d'oreilles…) afin de protéger le sommeil, mais aussi le cœur et les vaisseaux.

D'après Alain Muzet, CNRS Strasbourg

Dormir dans la lumière

Il n'y a pas de recommandation en la matière, car tout est question **de culture et d'habitude**. On peut préférer l'obscurité totale ou la pénombre, ou bien encore les volets ouverts. On peut aussi avoir besoin d'une veilleuse ou même dormir en pleine lumière lors de la sieste.

Aucune formule n'est meilleure qu'une autre, mais des habitudes contraires peuvent provoquer des conflits avec le conjoint ou avec toute autre personne (frère, sœur, ami) avec laquelle on partage la chambre. Le plus simple est de demander à celui qui souhaite le noir de porter un bandeau sur les yeux… Mais il s'agit avant tout d'une affaire de négociation et de respect mutuel.

Une étude récente (et contestée) prétend que la lumière pourrait favoriser la **myopie** chez les très jeunes enfants car leurs paupières sont trop fines pour arrêter la lumière. Par précaution, si l'enfant exige une veilleuse, mieux vaut qu'elle soit de très faible intensité.

Des rythmes perturbés

Le décalage horaire

Les voyages transméridiens (avec franchissement rapide des fuseaux horaires) provoquent un syndrome dû au décalage horaire appelé **jet-lag**. Les voyages vers l'est sont plus difficiles à supporter que les voyages vers l'ouest, car il faut se forcer à dormir pour s'adapter à la nouvelle heure.

Le jet-lag devient sensible au-delà de 3 heures de décalage horaire, il est marqué à partir de 6 heures et pénible au-delà de 9 heures. En moyenne, il faut **deux à trois semaines** pour se mettre en phase avec les rythmes du pays d'arrivée. Du coup, le voyageur a à peine le temps de s'adapter qu'il lui faut déjà rentrer et recommencer une nouvelle adaptation. C'est pourquoi il est souvent moins pénible de faire un aller-retour de deux jours que de deux semaines.

Les signes du jet-lag

L'éveil et le sommeil sont perturbés :

– le réveil est trop précoce si le voyage s'effectue vers l'ouest ;

– le sommeil est haché (nombreux réveils), avec insomnie d'endormissement, si le voyage s'effectue vers l'est.

Dans la journée, la personne est fatiguée, a tendance à somnoler, à s'endormir subitement. On observe souvent également des signes digestifs (maux de ventre, diarrhée, constipation, nausées), des maux de tête, des vertiges.

Tout le monde ne réagit pas autant au décalage horaire. Les personnes du matin y sont plus sensibles, surtout si elles ont besoin de beaucoup de sommeil. Par ailleurs, les troubles sont d'autant plus importants que le voyageur est fatigué et enchaîne les vols.

Les trois-huit et le travail de nuit

L'homme est un animal diurne, actif le jour, inactif la nuit. Chaque matin, c'est le lever de soleil qui « remet nos pendules à l'heure ».

Travailler la nuit n'est donc **pas naturel** car cela contrarie notre rythme fondamental, dicté par la lumière. De fait, le travail de nuit a un coût. Les études montrent ainsi que les personnes qui ont une activité professionnelle nocturne ou à horaires variables dorment en moyenne 1 à 2 heures de moins en période active que pendant les vacances.

Des réactions différentes

Tout le monde ne réagit pas de la même façon au travail de nuit ou à horaires décalés. Notre constitution fait que nous supportons plus ou moins bien les rythmes inversés ou irréguliers.

En règle générale, les sujets qui sont du soir et courts dormeurs sont ceux qui s'adaptent le mieux, à l'inverse de ceux qui sont du matin et longs dormeurs. Il existe naturellement de nombreuses situations intermédiaires entre ces deux extrêmes, mais il est important de tenir compte de ce paramètre (suis-je du matin ou du soir, suis-je un long ou un court dormeur ?) avant d'envisager une carrière impliquant des horaires de nuit ou des horaires irréguliers.

Selon une enquête réalisée auprès du personnel d'un grand hôpital, il apparaît que c'est le travail posté lors de la période du matin qui est le moins bien supporté et retentit le plus sur la santé et le sommeil. Le travail du soir et de nuit semble plutôt mieux toléré, sauf par les sujets du matin.

Les conséquences

Le travail aux horaires non classiques peut avoir des conséquences **graves** : erreurs professionnelles, accidents de voiture, anxiété, dépression, ulcères, maladies psychosomatiques, cardio-vasculaires, éventuellement immunitaires, le tout étant à l'origine d'un absentéisme important. Il faut donc bien réfléchir avant de se lancer dans ce type d'activité et être sûr de le supporter à long terme.

Respecter les rythmes de chacun

L'idée qu'il faut 8 heures de sommeil pour bien se porter se vérifie dans la grande majorité des cas, mais elle ne s'applique pas à tous. Faire dormir trop longtemps un court dormeur qui n'a besoin que de 4 heures ou, à l'inverse, contraindre un long dormeur à ne dormir que 8 heures alors qu'il aurait besoin de 2 heures de plus, peut rendre malades et insomniaques aussi bien l'un que l'autre.

De même, un sujet du matin qui s'imagine qu'il va « récupérer » en allongeant son temps de sommeil le dimanche matin et en vacances risque de perturber ses rythmes naturels, ce qui peut favoriser l'insomnie et parfois une dépression.

L'influence des saisons sur le temps de sommeil

Les variations de la durée d'ensoleillement (photopériode) au cours de l'année modifient la durée de l'éveil, et donc celle du sommeil. La lumière est le principal synchroniseur (donneur de rythme) chez l'homme, et il est donc assez logique de dormir un peu moins longtemps à la belle saison, lorsque les journées sont plus longues. Sous nos climats tempérés, on estime que le temps de sommeil est en moyenne de 1 heure en moins l'été que l'hiver.

Les causes psychologiques et psychiatriques

Le stress et les soucis

Le stress, les soucis, une déception ou l'attente anxieuse d'un événement peuvent perturber gravement le sommeil. Les ennuis professionnels ou familiaux, le surmenage, l'impression que l'on n'arrivera jamais au bout de ses obligations, l'incapacité à se relaxer et à prendre son temps, l'irrita-

Le profil de l'insomniaque

Les conditions de vie ont un retentissement direct sur la qualité de nos nuits.
On sait de manière certaine que le risque d'être insomniaque est plus important chez les femmes et chez les personnes âgées, et qu'il augmente dans les situations de solitude, de chômage, de pauvreté et de maladie physique ou mentale.
Le portrait-robot de l'insomniaque type serait celui d'une femme seule, pauvre, chômeuse, malade, en cours de ménopause ou âgée.
Heureusement, ces facteurs de risque sont rarement tous réunis !

tion, les malheurs, bref la vie moderne et les aléas de l'existence, tous ces facteurs concourent à **sur-stimuler** le cerveau et à l'empêcher de se « débrancher » la nuit.

Apprendre à se détendre, à faire des choses inutiles, à relâcher un peu la tension est certainement un des grands secrets du bon sommeil.

L'impact du stress sur le sommeil est différent selon que l'on est du soir ou du matin. Une personne qui a l'habitude de se coucher tard aura tendance à avoir du mal à s'endormir, tandis qu'une autre qui est plutôt du matin se réveillera en avance sur son horaire habituel.

C'est l'endormissement qui pose le plus de problèmes aux anxieux : ils peuvent mettre des heures à s'endormir ou bien se réveiller au bout de 10 minutes avec l'impression d'avoir terminé leur nuit, ce qui est évidemment très frustrant.

Mais, une fois qu'ils sont bien endormis, ils passent en général une nuit correcte et ils se sentent relativement bien le matin, même si leur sommeil est souvent assez agité.

La dépression, des effets contraires

Insomnie et hypersomnie

La dépression est la première cause psychologique d'insomnie, mais elle peut aussi être à l'origine d'un excès de sommeil **(hypersomnie)** avec somnolence diurne, le sujet déprimé passant une bonne partie de la journée au lit, comme s'il cherchait à se réfugier dans le sommeil.

En réalité, il ne s'agit pas d'une véritable hypersomnie : le patient est persuadé de dormir, mais, lorsqu'on enregistre son sommeil, on s'aperçoit qu'il ne dort pas au sens physiologique du terme. Il se contente de somnoler, refoulant une réalité qu'il juge insupportable.

Ce phénomène de **fuite dans le sommeil** survient d'ailleurs aussi en l'absence de dépression : certaines personnes, notamment des enfants, s'endorment brutalement après une émotion ou une peur intense, le sommeil jouant alors le rôle d'échappatoire.

Une personne qui n'a pas le moral, qui se plaint d'un sommeil non réparateur et reste une grande partie de ses journées dans son lit peut être dépressive et doit en parler avec son médecin.

Quantité et qualité

En réalité, en dehors de la mélancolie (forme extrême de la dépression), pour laquelle il peut exister une insomnie presque complète ou un réveil matinal vers 2 à 4 heures du matin, il faut savoir que la dépression n'entraîne généralement pas de réduction quantitative du temps de sommeil : c'est la **qualité du sommeil qui est altérée**. Les déprimés dorment presque autant que tout le monde, mais beaucoup moins bien, d'autant plus que c'est au réveil, le matin, que l'on juge de sa nuit et que c'est justement à ce moment précis qu'ils sont le plus tristes et le plus négatifs. Compte tenu de leur humeur, ils sont alors persuadés de ne pas avoir fermé l'œil de la nuit.

La manie, cause d'insomnies complètes

Le **trouble bipolaire**, autrefois appelé psychose maniaco-dépressive, consiste en une alternance de périodes strictement normales avec des épisodes dépressifs intenses (mélancolie) et d'autres dits maniaques, caractérisés par un état d'euphorie et

L'insomnie, symptôme de la dépression

Anna a 32 ans. L'homme de sa vie, avec lequel elle vivait depuis dix ans, l'a subitement quittée il y a deux ans et elle ne s'en remet pas.
Elle passe ses nuits à ruminer, à se demander « ce qu'elle aurait pu faire pour éviter cela ». Quand elle parvient à s'endormir, elle se réveille peu de temps après en sueur et en larmes.
Elle somnole dans la journée, est tout le temps en arrêt de travail et ne voit pas comment s'en sortir.
Le somnifère qu'elle prend depuis plus d'un an n'agit plus. Elle a tenté de se suicider il y a six mois.
Un traitement antidépresseur et une psychothérapie sont alors institués. Au bout de trois semaines, Anna se remet à dormir correctement et retrouve peu à peu son allant. Deux mois après le début du traitement, elle est de nouveau amoureuse.

d'exaltation extrêmes. Au cours des phases maniaques, l'insomnie est complète ou presque, mais le patient ne s'en plaint pas et ne semble pas fatigué. Au contraire, il se sent en pleine forme !

Dormir après une catastrophe

Après un **traumatisme majeur** (hold-up, viol, prise en otage, accident, incendie, guerre, catastrophe naturelle...), le sommeil est souvent agité, interrompu par des réveils en sursaut et, de manière caractéristique, par des cauchemars pénibles et répétitifs (parfois plusieurs fois par nuit) liés au choc. Dans la journée, le sujet a des flash-back qui surviennent de manière inopinée, durant lesquels il revit intensément le drame en pensée. Il a tendance à être hyperattentif, anxieux, comme s'il cherchait à contrôler un environnement menaçant.

Se raconter la catastrophe encore et encore jusqu'à ce qu'elle perde de sa force est une manière normale de la « digérer ». Parfois, malheureusement, l'objectif est dépassé et des cauchemars trop fréquents, répétitifs et surtout interminables deviennent le signe d'une maladie appelée **syndrome de stress post-traumatique**.

Aucun médicament n'a fait ses preuves dans cette indication, mais une technique assez déconcertante, l'EMDR (Eyes Movments Desensitization and Reprocessing), semble efficace. Elle consiste, comme son nom l'indique (désensibilisation et reprogrammation par les mouvements des yeux), à utiliser les mouvements oculaires ou d'autres stimuli pour aider un patient à dépasser un traumatisme psychique.

La bouffée délirante aiguë

C'est l'éclosion soudaine et souvent spectaculaire d'un délire : la personne se prend pour Napoléon ou pour Jésus-Christ, elle se croit persécutée, victime d'une invasion d'extraterrestres ou bien encore douée de pouvoirs extrasensoriels.

Ce syndrome peut durer quelques semaines et rester unique, sans lendemain, comme « un coup de tonnerre dans un ciel serein » : le patient a, dans ce cas, simplement l'impression d'avoir vécu un mauvais rêve éveillé.

Parfois, malheureusement, la bouffée délirante aigüe (BDA) marque le début d'une schizophrénie ou d'un trouble bipolaire.

La BDA succède presque toujours à une **privation de sommeil** (fête, insomnie due au bruit ou à un épisode anxieux...). Lorsqu'on a eu une BDA, il faut absolument éviter les privations de sommeil répétées et, le cas échéant, consulter très rapidement un médecin.

Les effets de la privation de sommeil

Le record de privation de sommeil est détenu par un étudiant qui, sous contrôle médical, a réussi à tenir 11 jours et 11 nuits sans dormir. Cela n'a pas eu de conséquences graves sur sa santé, mais le jeune homme a présenté des réactions paranoïaques, comme c'est souvent le cas lors d'une privation de sommeil. Il se croyait victime d'un complot et avait des hallucinations, essentiellement corporelles (l'impression que des animaux lui rampaient sur le corps). Lorsque le jeune homme s'est enfin autorisé à dormir, l'équipe médicale a observé un rebond de certaines phases de son sommeil (sommeil lent profond et sommeil paradoxal, voir p. 18-19). Particulièrement net au cours de la première nuit, ce rebond s'est avéré discret lors de la deuxième. Ensuite, tout est rentré dans l'ordre. Dans cette expérience, c'est la motivation qui a permis au sujet de tenir le coup aussi longtemps sans dormir.
En revanche, lorsque la privation de sommeil est imposée (dans le cas de la torture, par exemple), les effets psychiques et physiques sont beaucoup plus importants et beaucoup plus graves.

La boulimie nocturne

Les personnes boulimiques peuvent être réveillées la nuit par une envie irrépressible de vider les placards ou le réfrigérateur et d'engloutir, sans rien sélectionner, des quantités parfois impressionnantes de nourriture.

Ce symptôme qui perturbe beaucoup le sommeil est à **prendre au sérieux** et doit impérativement amener à consulter un médecin.

Les causes organiques

Les douleurs et les maladies

- **Les douleurs.** Quelles que soient leur localisation, leur cause ou leur durée, qu'elles soient aiguës ou chroniques, les douleurs peuvent entraîner une insomnie. C'est peut-être la raison pour laquelle l'aspirine, qui supprime la douleur, est parfois considérée (à tort) comme un somnifère. Dans la mesure du possible, mieux vaut traiter l'origine de la douleur, la soulager, que prendre des somnifères.
- **La fièvre.** D'origine infectieuse ou non, la fièvre peut entraîner une insomnie massive. Là encore, ce n'est pas le somnifère qui réglera de la meilleure façon le problème d'insomnie, c'est le traitement de la cause.
- **Les insuffisances cardiaque, respiratoire et rénale.** Ces affections perturbent généralement le sommeil. La personne est souvent obligée de dormir en position semi-assise, soutenue par plusieurs oreillers.

Encore une fois, c'est le traitement de la cause qui permet de guérir l'insomnie, d'autant que dans ces trois cas les hypnotiques sont habituellement contre-indiqués.

- **La maladie d'Alzheimer, la maladie de Parkinson.** Comme de nombreux autres troubles neurologiques, elles peuvent provoquer une insomnie qui résiste aux somnifères.
- **L'obésité, l'hyperthyroïdie, le diabète.** Ces maladies endocriniennes peuvent perturber le sommeil de façon sévère, et ce d'autant plus que ces troubles sont souvent accompagnés d'apnées du sommeil.
- **La fonction urinaire.** Tout ce qui la perturbe en obligeant le sujet à se lever la nuit (problème de prostate, infection urinaire, prise de diurétiques le soir, etc.) gêne le sommeil pour des raisons mécaniques (voir ci-dessous).

L'envie d'uriner la nuit

Normalement, un adulte en bonne santé doit pouvoir dormir toute une nuit sans aller aux toilettes.

Cependant, dans certains cas, le besoin d'uriner peut se manifester une voire plusieurs fois par nuit, ce qui perturbe le sommeil :

– en cas d'**infection urinaire** ;

– chez l'homme à partir de la soixantaine, en raison de diverses maladies de la **prostate**. À partir de 50-60 ans, des consultations régulières sont indispensables afin de surveiller l'état de sa prostate, surtout en cas de mictions nocturnes répétées ;

– dans le **syndrome d'apnées du sommeil** (voir p. 84-86), il existe souvent une envie d'uriner la nuit. Là encore, il importe de consulter.

Chez la femme

● **Le syndrome prémenstruel.** Avant leurs règles ou au début de cette période, certaines femmes présentent un ensemble de troubles (migraine, douleurs variées, boulimie, agressivité, cafard, etc.) et dorment moins bien qu'à l'accoutumée. En général, le temps de sommeil a plutôt tendance à augmenter, mais la part du sommeil profond, réparateur, diminue et les réveils nocturnes sont plus fréquents. Cela explique la fatigue et, parfois, l'agressivité de cette partie du cycle.

● **La ménopause.** Elle peut s'accompagner d'insomnies dues à des changements hormonaux et thermiques et à des facteurs psychologiques.

Douleur physique et douleur psychique

Edmond a 72 ans, mais tout le monde lui en donne dix de plus. Depuis quelques mois, il n'arrive plus à trouver le sommeil alors qu'il a toujours très bien dormi. Il se sent angoissé, a du mal à s'endormir, se réveille dans la nuit en sueur, essoufflé, avec des palpitations. Il a constaté qu'il respirait plus à son aise avec un oreiller. Il essaie les somnifères de sa femme, qui n'arrangent rien, bien au contraire, puis les tranquillisants et les antidépresseurs, sans effet.

Lors d'une consultation, le médecin constate un léger œdème au niveau des chevilles et des battements cardiaques trop rapides. Un début d'insuffisance cardiaque est diagnostiqué, et le traitement institué par le cardiologue règle le problème d'insomnie en quelques jours.

Les causes toxiques

Le café et les boissons à base de cola contenant de la **caféine**, le thé, l'alcool, parfois le chocolat (qui contient de la **théine** et des para-amphétamines), le tabac et la plupart des **drogues** (cannabis, amphétamines, ecstasy, héroïne, cocaïne, cocktails de drogues...) peuvent être à l'origine d'une insomnie.

C'est également vrai pour certains **médicaments** comme la cortisone, certains antidépresseurs et traitements prescrits contre l'hypertension artérielle ou la maladie de Parkinson. Le cas échéant, le médecin devra si possible changer de médicament ou bien modifier la posologie et l'horaire de prise.

Le sommeil en nage

Certains dormeurs transpirent abondamment et par crises au cours de la nuit. Ce phénomène normal en période de canicule n'est cependant pas toujours lié à la température ambiante.
Typiquement, il survient en cas de fièvre. La ménopause entraîne aussi ces manifestations désagréables.
Des épisodes de sudation nocturne se rencontrent également en cas d'asphyxie (augmentation du gaz carbonique dans le sang) et d'insuffisance respiratoire, lors d'apnées du sommeil notamment.
Il importe d'en informer le médecin.

Les maladies du sommeil

Le retard de phase

Il arrive que des personnes franchement du soir n'arrivent plus à se coucher avant 4 ou 5 heures du matin, voire plus tard (ou tôt) encore. Elles ont toujours quelque chose à terminer avant de se mettre au lit.

Ce type d'horaire peut être viable pour un artiste ou quelqu'un qui a choisi de travailler la nuit (infirmier, gardien, médecin SOS...), mais il est incompatible avec un travail à horaires classiques : le retard de phase fait que la personne est souvent contrainte de se lever juste après s'être couchée alors que, spontanément, elle se serait levée entre 13 et 14 heures.

Le traitement Ce syndrome assez rare requiert un traitement **chronobiologique** relativement compliqué, généralement pratiqué dans des services spécialisés d'hôpitaux appelés **unités de sommeil**.

Le traitement consiste à empêcher le patient de dormir pendant une ou deux nuits de manière à provoquer une importante dette de sommeil qui va faciliter l'endormissement la nuit suivante.

À partir de là, on lui apprend à se lever toujours à la même heure et à respecter une bonne **hygiène des rythmes** (voir p. 116-118).

Les échecs sont cependant assez fréquents – les patients reprennent peu à peu leurs anciens horaires –, soit parce que le retard de phase correspond à leur rythme naturel, soit parce qu'ils trouvent leur compte à vivre la nuit.

Les mouvements anormaux

Pendant le sommeil

Certaines personnes bougent les **jambes** en dormant (plus rarement les bras). Elles ne s'en rendent pas compte et c'est généralement leur conjoint qui le leur signale.

Ces mouvements consistent en des flexions rythmiques, des secousses répétées, brèves et de faible amplitude, localisées aux extrémités d'une ou des deux jambes (gros orteils, chevilles) ou bien aux genoux.

Ils débutent aux alentours de l'endormissement et diminuent pendant les stades 3 et 4 du sommeil lent profond ainsi que pendant le sommeil paradoxal (voir p. 18-19). Ils surviennent habituellement par salves toutes les 20 à 60 secondes, et sont parfois associés à des pauses respiratoires (syndrome d'apnées du sommeil, voir p. 84-86). On parle de syndrome idiopathique des **mouvements périodiques des membres** ou de myoclonies nocturnes.

Le terme idiopathique s'emploie lorsque la cause de la maladie ou du symptôme est inconnue.

Ces mouvements peuvent provoquer de brefs réveils répétés, pas assez longs pour que le sujet s'en souvienne le lendemain. Il a alors l'impression d'avoir eu un sommeil assez continu, mais peu réparateur. Il se sent fatigué, peut avoir des problèmes de concentration, de mémoire et de somnolence diurne.

Ces mouvements peuvent aussi donner des crampes et une sensation de cuisson des jambes pendant le sommeil et, surtout, dans la journée.

Avant de s'endormir

Le syndrome des mouvements périodiques est souvent associé à des impatiences (ou syndrome des **jambes sans repos**) qui, elles, se produisent pendant l'éveil. Chaque fois que la personne veut se reposer ou se met au lit, dans la soirée avant l'endormissement, elle ressent des sensations gênantes d'inconfort dans les jambes, des fourmillements ou une agitation incontrôlable qui provoquent un besoin intense de bouger les jambes. Au bout d'un moment, des crampes apparaissent ; le seul moyen de les calmer est de se lever et de marcher, de préférence sur un sol froid (carrelage...).

Mais le problème persiste : au moment où la personne est prête à s'endormir, jambes immobiles, tout recommence et ainsi de suite tout au long de la nuit. Souvent, l'endormissement survient au petit matin, juste avant que le réveil sonne... C'est donc un trouble à la fois pénible et invalidant du fait de son retentissement dans la journée (fatigue, difficultés de concentration et de mémorisation...).

Le traitement Ces deux maladies (syndrome des jambes sans repos et syndrome idiopathique des mouvements périodiques) sont corrélées à l'âge. On en ignore souvent l'origine, mais on sait qu'il existe des formes familiales et que des anomalies sanguines (manque de fer, par exemple) ou neurologiques sont parfois responsables.

Un bilan médical, intégrant si nécessaire un enregistrement de sommeil, doit être effectué avant de démarrer le traitement. Très efficace mais difficile voire impossible à interrompre, ce dernier repose sur l'administration d'un médicament **dopaminergique** antiparkinsonien (ces troubles n'ont rien à voir avec la maladie de Parkinson, même si ce sont des antiparkinsoniens qui les soulagent).

Le syndrome d'apnées du sommeil

Certains individus, presque toujours des **ronfleurs** et le plus souvent des hommes, présentent des pauses respiratoires fréquentes et répétées au cours du sommeil. La durée de ces arrêts est très variable, de 10 secondes à plus de 2 minutes. Les pauses sont suivies d'une reprise bruyante de la respiration avec suffocation.

Lorsque ces pauses, appelées apnées du sommeil, se répètent plusieurs fois par heure (plus de dix fois), on est en présence d'une maladie particulière, le syndrome d'apnées du sommeil.

L'intéressé n'est pratiquement **jamais conscient** de son problème car les apnées sont oubliées au fur et à mesure qu'elles surviennent. En revanche, le conjoint, à moins qu'il ne soit excellent dormeur, malentendant ou qu'il ne fasse chambre à part (ce qui est souvent le cas dans cette maladie), est toujours au courant. Il doit en informer le dormeur et son médecin.

Les risques

En général, le syndrome d'apnées du sommeil s'accompagne d'une hypersomnie, c'est-à-dire d'un allongement du temps de sommeil. Mais il arrive que la seule manifestation de cette maladie soit une insomnie. L'alcool aggrave les apnées, comme certains médicaments, dont les hypnotiques (somnifères), qu'il ne faut donc surtout pas prendre en cas d'insomnie due à ce syndrome.

Pour cette raison et pour d'autres, il est important de faire le diagnostic du syndrome d'apnées du sommeil. Outre ses symptômes gênants (**somnolence majeure** avec fatigue, impuissance et troubles de la mémoire), cette affection peut être à l'origine d'un certain nombre de **complications** : infarctus du myocarde, accident vasculaire cérébral, troubles du rythme cardiaque, dépression, accidents de voiture ou du travail par endormissement intempestif, altération sévère de la mémoire.

Insomnie et respiration nocturne

Christophe a 49 ans. Mis à part un léger surpoids (79 kg pour 1,74 m), il n'a pas de problème particulier de santé physique.
Cadre supérieur, au sommet de sa carrière, il est très pris par son travail, ce qui explique sans doute en partie que sa femme l'ait quitté deux ans plus tôt. Il a mal supporté son divorce et, depuis, il dort mal, se dit épuisé, vidé, démotivé. Il a des difficultés à se concentrer et à mémoriser, il supporte mal son manque de sommeil. Il parle parfois de suicide et affirme que seule la pensée de ses deux jeunes enfants le retient.
Aucun traitement ne s'est révélé efficace, pas plus les hypnotiques (somnifères), qui ont plutôt aggravé son état, que les antidépresseurs, qui n'ont eu quant à eux aucun effet.
Comme il dort seul, il n'est pas possible d'interroger une partenaire sur d'éventuels ronflements ou mouvements de jambes. Néanmoins, vu l'état de ses draps le matin, Christophe pense qu'il doit beaucoup bouger la nuit.
Le médecin décide de l'hospitaliser pour procéder à un enregistrement de son sommeil. Contre toute attente, il s'avère que Christophe souffre d'un syndrome d'apnées du sommeil assez important, qui, au lieu de se traduire par une somnolence diurne, provoque une insomnie.
Une assistance respiratoire nocturne est recommandée : Christophe devra dormir avec un masque d'air sous pression appliqué sur le nez. Il devra être patient, car ce traitement est généralement mieux supporté par les hypersomniaques que par les insomniaques.

La narcolepsie-cataplexie

Cette maladie au nom barbare a une origine **héréditaire** et concerne environ 2 personnes sur 1 000. Elle se manifeste par des attaques de sommeil (narcolepsie) brutales, incoercibles, le sujet pouvant s'endormir n'importe quand, à table, en parlant, etc. S'y associent fréquemment des cataplexies, c'est-à-dire des pertes soudaines de tonus musculaire déclenchées par des émotions intenses (éclat de rire, peur, colère, surprise...). Le sujet se retrouve par terre, tout mou, ou bien reste bouche bée, les jambes et les bras relâchés. Ces symptômes s'accompagnent en général d'une somnolence très importante qui ne cède qu'après une sieste.

En plus de la gêne qu'elles peuvent occasionner à chaque instant, la narcolepsie et la cataplexie peuvent être source d'**accidents** liés à la perte de contrôle lorsqu'elles surviennent en voiture ou dans une autre situation à risque.

Les personnes souffrant de narcolepsie sont pour la plupart de grands insomniaques depuis leur enfance. En général, ils s'en accommodent assez bien car ils ont appris à vivre avec et à multiplier leurs occupations au cours de la nuit. Cependant, même si les malades peuvent s'adapter à une situation qui associe somnolence diurne et insomnie nocturne (« je ne dors pas la nuit, c'est normal puisque je dors toute la journée »), la narcolepsie reste très invalidante et témoigne d'un dérèglement global des horloges du cerveau. Le diagnostic est important car il existe aujourd'hui des **traitements symptomatiques** (agissant sur les symptômes et non sur la cause).

Le ronflement est-il normal ?

Le ronflement est à la fois un phénomène normal lié à l'âge et un des signes du syndrome d'apnées du sommeil. Il est loin d'être rare puisqu'il concerne pratiquement la moitié des hommes de plus de 50-60 ans et presque autant de femmes après la ménopause.

Après 77 ans, 68 % des hommes et 48 % des femmes ronflent.

Quelle que soit son origine, le ronflement peut entraîner une fatigue considérable chez l'intéressé et son conjoint, car son intensité sonore peut être très importante (jusqu'à 80 décibels). On peut même se demander si l'exposition prolongée et répétée à un tel bruit n'est pas susceptible de provoquer des difficultés auditives (perte d'acuité auditive et bourdonnements d'oreilles chez le ronfleur et son conjoint).

Les ronflements sont aggravés par les kilos supplémentaires, par la prise d'alcool le soir (même en faibles quantités) et par les médicaments sédatifs.

On peut recourir à différentes mesures pour améliorer la situation : perte de poids, suppression de l'alcool et du tabac, humidification de l'atmosphère, suppression des somnifères. Une intervention chirurgicale consistant en l'ablation d'une partie du voile du palais est également possible, mais d'une part elle est assez douloureuse et d'autre part ses résultats sont inconstants et souvent transitoires.

Étrangement, il semblerait d'après quelques observations que certains hommes ronflent avec leur femme légitime et dorment silencieusement avec leur maîtresse...

Les troubles associés

Les comportements automatiques

Dans certaines circonstances particulières (maladie entraînant une somnolence, manque important de sommeil), une personne peut présenter des comportements automatiques : elle accomplit des tâches parfois complexes (conduire une voiture ou prendre le train, par exemple) sans s'en rendre compte, arrive à un endroit sans se rappeler comment elle a fait... Ce phénomène n'est **pas dangereux** en soi, mais il peut être révélateur d'une pathologie (narcolepsie, hypersomnie, démence....). Il est donc conseillé de le signaler à son médecin.

Les hallucinations d'endormissement

De nombreuses personnes ont des visions au moment de s'endormir, de basculer dans le sommeil. Il s'agit le plus souvent d'images colorées, de taches de couleurs ou de formes kaléidoscopiques. Mais c'est parfois l'impression d'une déformation du corps ou de la chambre, de la présence d'un intrus dans la pièce ou dans le lit, ou encore la perception de bruits inexistants, etc. Ces hallucinations dites **hypnagogiques** sont parfaitement normales si elles restent discrètes : elles témoignent juste d'une fatigue et d'un manque de sommeil.

Chez les personnes atteintes de narcolepsie (voir p. 87-88), en revanche, les « visions » sont nettement plus impressionnantes : par exemple, la sensation d'avoir un crocodile dans son lit, avec le contact de ses écailles et son odeur pestilentielle, celle de vols de chauves-souris, de la présence d'individus menaçants, de serpents qui rampent sur la peau. Le narcoleptique sait que tout cela n'est pas réel, mais il est en même temps terrifié. Il peut hurler, voire chercher à fuir et se heurter à un meuble, se blesser. Quand elles se manifestent au réveil, ces hallucinations sont dites hypnopompiques. Le plus souvent, elles sont révélatrices d'une narcolepsie.

Les paralysies du sommeil et du réveil

Certaines personnes se sentent complètement paralysées au réveil, le matin mais aussi après une sieste ou dans la nuit, en cas d'éveil nocturne. Elles sont incapables de bouger, tous leurs muscles sont flasques, y compris ceux de la respiration volontaire, d'où parfois un essoufflement angoissant.

Ce phénomène, qui touche plutôt les hypersomniaques (qui dorment trop), n'a **aucune gravité** et disparaît en quelques minutes. Le mieux est d'attendre en concentrant son attention sur son petit doigt. Dès qu'il peut bouger, tout revient !

Il est néanmoins recommandé de consulter un médecin, car ces paralysies du sommeil et du réveil peuvent être signe de narcolepsie.

Les violences dans la nuit

Certaines personnes (plutôt des hommes) vivent réellement leurs rêves ou leurs cauchemars et peuvent être amenées à se blesser ou à agresser leur compagnon de lit. Ce comportement est probablement assez rare et on ne le comprend pas encore très bien. Le cas échéant, il faut consulter un médecin, qui cherchera s'il existe ou non une maladie neurologique sous-jacente. Une expérience menée sur les chats (voir p. 34) a montré qu'en détruisant un noyau situé dans le cerveau, le **nucleus cœruleus**, l'animal mimait ce qu'il était probablement en train de rêver (laper du lait, chasser une souris...), mais on ignore s'il existe ou non un rapport avec ce que l'on constate chez l'homme.

Des cas de violence extrême ont été observés pendant le sommeil après une prise de tranquillisant ou de somnifère éventuellement associée à l'alcool. Enfin, l'épilepsie, de manière exceptionnelle, pourrait également provoquer des comportements agressifs, même si les rares cas rapportés semblent plutôt anecdotiques.

En revanche, le somnambulisme ne donne jamais lieu à ce type d'agissement.

Grincer des dents

Le fait de grincer des dents en dormant, appelé **bruxisme**, n'est pas le signe d'une maladie, mais il peut gêner le sommeil des voisins et provoquer une usure considérable des dents. Il est conseillé de voir un dentiste, qui vérifiera l'occlusion dentaire (l'alignement des dents), un déséquilibre de quelques millimètres pouvant déclencher des grincements de dents. Si le traitement d'une éventuelle anomalie ne suffit pas, le dentiste peut proposer un dispositif à porter la nuit, une sorte de goulotte ressemblant à un dentier.

Enfin, dans les cas extrêmes ou si le grincement apparaît dans des moments de tension nerveuse ou de stress, des benzodiazépines myorelaxantes (qui détendent les muscles) sont parfois prescrites pendant une courte période. Des séances d'acupuncture ou de relaxation, des médicaments homéopathiques ou phytothérapiques, du magnésium peuvent s'avérer utiles.

À quoi sert l'insomnie ?

Cette question peut sembler incongrue, voire provocante. À quoi pourrait donc servir un symptôme gênant, pénible, parfois invalidant?

Le temps de sommeil : une notion relative

Rien ne ressemble plus à l'enregistrement du sommeil d'un court dormeur que celui d'un insomniaque, si ce n'est que le premier est satisfait de perdre un minimum de temps à dormir alors que le second est mécontent !

Une expérience a montré qu'il était possible de réduire **sans dommage** le temps de sommeil d'une durée allant de 90 minutes à 5 heures (au-delà, les performances diurnes étaient sévèrement altérées), à condition de le faire par paliers de 30 minutes. Un an après l'expérience, les volontaires, sans doute satisfaits, continuaient à dormir entre 60 et 150 minutes de moins qu'auparavant.

Sachant que seul le sommeil lent profond (stades 3 et 4, voir p. 18-19) est indispensable et constitue le noyau dur incompressible de nos nuits, on peut dire que, finalement, une bonne partie de notre temps de sommeil est superflu. Le fait que la moyenne de la durée de sommeil se soit réduite de 2 heures depuis l'invention de l'électricité (dans les régions éclairées artificiellement) plaide en ce sens.

L'utilité de l'insomnie

La sentinelle

Nos ancêtres de Cro-Magnon évoluaient dans un univers dangereux peuplé de tigres à dents de sabre et d'ennemis appartenant à d'autres tribus. Pour sécuriser le groupe, des individus responsables étaient chargés de veiller afin de donner l'alerte en cas de menace.

Le fait de ne dormir que d'un œil, d'avoir le sommeil léger ou de se réveiller en sursaut au moindre bruit est peut-être un héritage de ce rôle ancestral de sentinelle.

Une fonction d'antidépresseur

Les dépressifs ont souvent un mauvais sommeil, non reposant. Le fait de très peu dormir, voire de ne pas dormir du tout, peut avoir un effet antidépresseur. C'est souvent une erreur de vouloir faire dormir un déprimé à tout prix en lui prescrivant des somnifères. De même que la fièvre empêche le microbe de se développer, l'insomnie est une tentative d'autoguérison de la dépression.

Un refuge Lorsque la vie est dure, que les amis sont rares et les peines profondes, la nuit devient une amie douce et calme, un moment d'où le stress est absent.

Ne pas dormir est aussi une façon de vivre et de travailler pour certains, écrivains ou artistes par exemple, qui ont besoin de solitude et de sérénité.

Une fonction anti-apnées Il arrive, mais rarement, que des personnes qui souffrent d'apnées du sommeil dorment très mal et très peu. C'est probablement une stratégie de leur organisme pour lutter contre la maladie car, quand ils ne dorment pas, ils n'ont pas d'apnées.

Une insomniaque professionnelle

Géraldine est écrivain et célèbre. Elle a un mari qui l'aime, des enfants qui ont réussi, des petits-enfants superbes. Son bonheur serait complet si elle arrivait à dormir. Depuis l'âge de 20 ans environ, elle ne se couche plus sans appréhension. Il suffit qu'elle se mette au lit pour que « le petit vélo » se déclenche et la tienne éveillée. Du coup, elle se relève et écrit, parfois des nuits entières. Le lendemain, elle récupère en faisant des pauses. Elle n'est ni fatiguée ni déprimée. Au contraire, elle se sent en pleine forme. En trente ans, Géraldine a essayé toutes les méthodes : somnifères, tranquillisants, méditation, photothérapie, mélatonine, yoga, DHEA... Elle se tient au courant de toutes les nouveautés. Mais rien n'y fait. Et puis un jour, elle décide de tout arrêter. Après tout, c'est grâce à ses nuits blanches qu'elle écrit : elle se dit que l'insomnie n'est peut-être pas une si mauvaise chose... Depuis qu'elle a renoncé à lutter contre ses problèmes de sommeil, Géraldine dort infiniment mieux...

AGIR

① DIAGNOSTIQUER L'INSOMNIE

② DE BONNES HABITUDES

③ LES TRAITEMENTS DE L'INSOMNIE

1

Diagnostiquer l'insomnie

> Quand faut-il consulter ?

> Bien connaître son sommeil

Quand faut-il consulter ?

Une nuit blanche occasionnelle

Passer une mauvaise nuit, voire une nuit blanche, n'a rien d'agréable. C'est pourtant d'une grande banalité et il n'y a pas de quoi s'affoler. La perspective d'une réunion de famille tendue, un contrôle fiscal, l'organisation d'une fête ou l'approche d'un examen peuvent, comme toute attente heureuse ou malheureuse, perturber le sommeil. On peut aussi mal dormir sans raison apparente.

Pour ces insomnies occasionnelles et transitoires, il est tout à fait inutile de consulter un médecin et **fortement déconseillé** de prendre des somnifères en automédication.

On peut toutefois demander à son pharmacien qu'il conseille un remède doux (voir p. 134), délivré sans ordonnance.

Malgré tout, lorsque la source d'insomnie est identifiée et transitoire, un **décalage horaire** par exemple, on peut consulter son médecin, qui pourra prescrire la prise d'un hypnotique pendant deux ou trois nuits.

Insomniaque et court dormeur

Si, malgré un endormissement difficile et des réveils multiples, vous êtes en pleine forme pendant la journée qui suit, c'est que vous êtes non pas un insomniaque, mais un court dormeur.

Ne cherchez pas à dormir plus : profitez au contraire de la chance que vous avez en vous accordant du temps pour vous distraire, vous cultiver, travailler… pendant que les autres dorment !

Compter les moutons

Il est une croyance populaire qui consiste à conseiller aux insomniaques de compter les moutons, comme si cette activité en apparence monotone pouvait favoriser l'endormissement. Cette recommandation est généralement néfaste, car elle n'occupe pas suffisamment l'esprit (l'insomniaque est quelqu'un qui pense trop à dormir). En outre, au bout d'un certain nombre de moutons, le compteur se trompe dans ses comptes, il lui faut alors tout recommencer, ce qui est source d'énervement davantage que d'apaisement ! Mieux vaut se livrer à une activité mentale inhabituelle et suffisamment intéressante pour occuper l'esprit à autre chose qu'à la recherche désespérée du sommeil.
On peut, par exemple, décider de repasser mentalement mètre par mètre le trajet de la boulangerie à son domicile, tenter de visualiser son corps ou celui de son conjoint centimètre par centimètre, du bout des orteils à la pointe des cheveux. À chacun de faire preuve d'imagination. Pour dormir, l'important est de penser à autre chose qu'à dormir.

Le meilleur conseil que l'on puisse donner aux courts dormeurs est de **réduire le temps qu'ils passent au lit** puisqu'ils dorment peu de toute façon.

Quand faut-il traiter ?

Si le problème persiste, il devient nécessaire de consulter un médecin. L'insomnie est **un symptôme, non une maladie** : elle peut donc avoir de multiples causes, qu'il faut rechercher et si possible traiter.

Il est important de réagir, de ne pas s'installer dans un état chronique de manque de sommeil, lourd de conséquences sur la qualité de vie. La fatigue dans la journée provoque des difficultés de concentration et de mémoire, voire une somnolence, qui sont à l'origine d'accidents (de la circulation, du travail) mais aussi d'une moindre efficacité professionnelle – une étude a montré que les insomniaques avaient une évolution de carrière moins satisfaisante.

Enfin, l'insomnie chronique doit être traitée car elle peut favoriser une dépression.

Qui consulter ? Le médecin généraliste décidera s'il est à même de vous traiter ou s'il juge préférable de vous adresser à un confrère qui connaît bien les problèmes de sommeil. Il peut s'agir d'un généraliste ou d'un spécialiste (psychiatre, neurologue, etc.).

Bien connaître son sommeil

L'agenda de sommeil

La meilleure méthode pour connaître les circonstances dans lesquelles on dort mal et celles où l'on dort bien est de tenir un agenda de sommeil (voir p. 36-39). On peut ainsi repérer des **constantes**, c'est-à-dire des facteurs ou des événements qui expliquent systématiquement ou presque un mauvais sommeil.

Si vous dormez mal le dimanche soir, cela peut signifier que le travail vous angoisse ou que votre organisme ne supporte pas les ruptures de rythme du week-end (couchers tardifs, grasses matinées).

Dans d'autres cas, vous constaterez que c'est un aliment, une boisson (l'alcool, le café…) ou le fait de trop fumer le soir qui vous empêche de bien dormir. Chez certaines femmes, le syndrome prémenstruel (voir p. 79) peut notamment se manifester par un mauvais sommeil.

Cet agenda doit être montré au médecin, qui en tirera des enseignements précieux sur l'origine de votre insomnie et les mesures à prendre.

Observez votre forme dans la journée

Évaluer la fatigue

La fatigue liée à l'insomnie peut être évaluée grâce à un questionnaire appelé **grille de Pichot**. Parmi les propositions suivantes, vous devez déterminer celles qui correspondent le mieux à votre état en donnant une note comprise entre 0 (pas du tout) et 4 (extrêmement).

Un score total égal ou supérieur à 20 est considéré comme pathologique.

GRILLE DE PICHOT	
Je manque d'énergie.	I__I
Tout demande un effort.	I__I
Je me sens faible à certains endroits du corps.	I__I
J'ai les bras ou les jambes lourds.	I__I
Je me sens fatigué sans raison.	I__I
J'ai envie de m'allonger pour me reposer.	I__I
J'ai du mal à me concentrer.	I__I
Je me sens fatigué, lourd et raide.	I__I
Score total :	I____I

L'échelle d'Epworth

L'**état de somnolence** lié au manque de sommeil peut également être évalué grâce à un questionnaire appelé échelle d'Epworth. Pour répondre, entourez le chiffre le plus approprié pour chaque situation : 0, pas de probabilité de m'endormir ;

1, faible probabilité de m'endormir ; 2, probabilité moyenne de m'endormir ; 3, forte probabilité de m'endormir.

– Si vous avez un score inférieur à 11 : votre état de somnolence est normal.

– Entre 11 et 16 : votre état de somnolence est modéré.

– À partir de 16, vous êtes franchement somnolent dans la journée.

En cas de somnolence modérée ou – surtout – franche, il est indispensable de consulter un médecin pour rechercher la cause (syndrome d'apnées du sommeil, dépression...). En attendant, il faut essayer d'éviter les situations où un assoupissement pourrait être dangereux, au volant par exemple.

ÉCHELLE D'EPWORTH

SITUATION	PROBABILITÉ DE S'ENDORMIR
Assis en train de lire.	0 1 2 3
En train de regarder la télévision.	0 1 2 3
Assis, inactif dans un lieu public (cinéma, théâtre, réunion).	0 1 2 3
Comme passager d'une voiture/d'un transport en commun.	0 1 2 3
Au volant d'une voiture pendant une heure.	0 1 2 3
Allongé l'après-midi lorsque les circonstances le permettent.	0 1 2 3
Assis en parlant avec quelqu'un.	0 1 2 3
Assis au calme après un déjeuner sans alcool.	0 1 2 3
Dans une voiture immobilisée depuis quelques minutes.	0 1 2 3
Total	I______I

L'INTÉRÊT D'UN ENREGISTREMENT DU SOMMEIL EN CAS D'INSOMNIE

Peu utile en cas d'insomnie

L'enregistrement polygraphique du sommeil est un examen long et fastidieux (voir p. 40-42), car il contraint la personne à dormir une voire deux nuits d'affilée dans un hôpital avec un grand nombre de fils et d'électrodes sur la tête et le corps.
De plus, il est généralement inutile en cas d'insomnie dans la mesure où, sauf exception, les insomniaques savent parfaitement comment ils dorment.
Cet enregistrement est plutôt destiné aux hypersomniaques (les personnes qui dorment trop), l'objectif étant de dépister des apnées du sommeil, des troubles cardiaques, des mouvements anormaux pendant le sommeil, etc.
Ce n'est qu'après des tentatives thérapeutiques infructueuses que le médecin peut éventuellement décider de procéder à un tel examen chez un insomniaque pour rechercher l'existence d'une hypnoagnosie (impression fausse de ne pas dormir, voir p. 57). Dans ce cas, il adresse son patient à un centre hospitalier spécialisé.

Des conditions artificielles

L'enregistrement du sommeil ne traduit que rarement la réalité quotidienne : le dormeur est équipé d'électrodes et il passe en général ses nuits dans un laboratoire hospitalier de sommeil (l'examen peut cependant aussi se pratiquer chez soi).
Les grands insomniaques sont souvent frustrés lorsqu'ils constatent, au vu de l'enregistrement de leur sommeil, qu'ils ont parfaitement bien dormi.
Ce phénomène s'explique en grande partie par le sentiment de sécurité que procure l'environnement médical.
L'anxiété et la peur inconsciente de mourir au cours de la nuit sont souvent latents dans l'insomnie.
À l'abri dans un hôpital, entourés d'infirmiers et de techniciens qui les surveillent toute la nuit, les patients n'ont plus rien à craindre… et s'endorment profondément.
À l'inverse, lorsqu'on enregistre des volontaires sains afin d'étudier leur sommeil dans le cadre d'une recherche, il arrive souvent qu'ils ne ferment pas l'œil de la nuit tant leur désir de bien faire, de bien dormir, est important !

2

De bonnes habitudes

> Préparer sa nuit
> Se coucher
> Le réveil et les siestes
> L'hygiène des rythmes

Préparer sa nuit

L'alimentation et les horaires des repas

L'alimentation et les horaires de prise des aliments en fonction de leur composition ont probablement une influence sur le sommeil, mais peu d'études ont été publiées sur la question. Aussi est-on obligé de faire appel au bon sens.

Les aliments Le petit déjeuner doit être riche en protéines (fromage, œufs...) et inclure des sucres lents (céréales). Le dîner doit plutôt être composé d'aliments glucidiques, comme les sucres lents (pâtes, féculents), qui **favoriseraient le sommeil**. Cette dernière recommandation est particulièrement importante chez les personnes âgées et les diabétiques afin d'éviter un incident hypoglycémique nocturne qui perturberait gravement le sommeil.

Par ailleurs, il est préférable de dîner légèrement, d'éviter les aliments salés (charcuterie, poissons fumés...), les plats en sauce et la viande au repas du soir.

La vitamine C La vitamine C a la réputation de stimuler l'éveil et de favoriser l'insomnie, qu'elle soit prise sous forme de médicament ou par le biais d'aliments qui en contiennent beaucoup (citrons, oranges, kiwis, tomates…). Cela n'a jamais été prouvé de manière scientifique, mais il suffit parfois d'y croire pour, effectivement, ne pas dormir après en avoir absorbé.

Que boire le soir ?

En dehors des boissons stimulantes et de l'alcool, toutes les boissons sont permises, notamment les tisanes, mais elles doivent parfois être limitées pour éviter le besoin de se lever la nuit.

- **Les boissons stimulantes.** Le thé, le café, le chocolat et les sodas à base de cola contiennent des substances excitantes comme la théine, la caféine et des para-amphétamines (comparables aux amphétamines), qui gênent le sommeil.

On conseille donc aux insomniaques d'éviter ces boissons stimulantes (et de limiter le chocolat) à partir de 14-15 heures.

La cigarette du soir

La nicotine contenue dans le tabac est un stimulant, donc elle favorise l'éveil.
Autant la cigarette de début de journée répond à une certaine logique pharmacologique malgré ses très nombreux inconvénients graves (cancers, infarctus, impuissance, troubles de la mémoire, insuffisance respiratoire…), autant celle du soir n'est pas cohérente car elle réduit la capacité de dormir.
Le mieux est naturellement d'arrêter de fumer !

● **L'alcool.** Il a des effets opposés : il favorise l'endormissement (l'ivresse endort d'un sommeil pesant et profond), mais il multiplie aussi le nombre de **réveils nocturnes**, notamment parce qu'il fragmente le sommeil paradoxal – d'ailleurs, après une soirée arrosée, on ne se souvient plus des rêves que l'on vient de faire car ces derniers se produisent pendant le sommeil paradoxal.

L'alcool est donc un bon inducteur de sommeil mais un mauvais hypnotique, car il provoque un sommeil haché.

L'alcool est par ailleurs formellement contre-indiqué chez les personnes qui souffrent d'apnées du sommeil et déconseillé aux ronfleurs. Il induit un relâchement des muscles, dont ceux de la respiration, et une sorte d'« anesthésie » du centre respiratoire qui est à l'origine d'une intensification des ronflements et d'une aggravation des apnées.

Ces problèmes respiratoires peuvent survenir même après absorption d'une faible quantité d'alcool (un verre de vin ou un petit apéritif pris vers 19-20 heures).

Les personnes qui vivent avec un buveur n'ont pas besoin d'Alcotest pour déterminer si ce dernier a bu et dans quelle proportion : il leur suffit d'apprécier l'intensité des ronflements et de chronométrer la durée des pauses.

Le lait. Bu le soir, le lait a la réputation de favoriser le sommeil. Cela n'a jamais été prouvé, mais cette boisson contient du tryptophane, un peu de sucres lents et de la tyrosine, des composants plutôt favorables au sommeil. Là encore, comme souvent en matière de sommeil, le fait d'y croire augmente nettement le pouvoir de ce « remède ».

Café et sommeil

Le café a tendance à s'accumuler dans l'organisme et il a une action retardée de plusieurs heures, son effet étant maximal au bout de 12 heures. Prendre une tasse vers 13-14 heures puis une autre vers 16-17 heures est donc totalement déconseillé aux insomniaques, à qui l'on recommande habituellement de bannir le café, y compris le matin. Ceux qui dorment bien peuvent en revanche prendre du café quand bon leur semble, y compris le soir, même s'il est clair que cela rend le sommeil plus léger et plus agité.

Contrairement à des idées répandues, l'expresso contient moins de caféine que le café filtre et le thé léger (clair, peu infusé) est plus excitant que le thé fort (foncé, longuement infusé).

Se coucher

Quand se coucher ?

La réponse est une lapalissade : il faut se coucher **quand on a sommeil** !

Certains voudraient dormir instantanément, sur commande, où et quand ils le désirent, ce qui entraîne un recours trop facile et systématique aux médicaments hypnotiques. Il faut savoir se coucher quand on a sommeil, laisser son corps et son esprit se détendre, attendre que le temps de l'endormissement soit venu.

Il faut alors savoir reconnaître les signes d'ensommeillement pour ne pas laisser passer son heure : paupières lourdes, bâillements, sensation de nuque lourde, engourdissement général, refroidissement, difficulté à maintenir son attention.

Les rituels d'endormissement

Au moment de s'installer pour s'endormir, les chiens tournent sur eux-mêmes et parfois grattent leur panier, comme leurs ancêtres écrasaient l'herbe et s'assuraient qu'aucun serpent ou prédateur ne viendrait les déranger.

Chez l'homme aussi, certains rites, différents selon les personnes et plus ou moins marqués, préparent au sommeil : lire un moment, adopter une position précise, ranger ses affaires d'une certaine façon, dire sa prière, faire le bilan de la journée ou son examen de conscience, tenir un objet ou la main du partenaire, etc.

Ces comportements et ces pensées sont une manière de se préparer à dormir en **abaissant le seuil d'anxiété**.

Dormir à l'abri

Sans doute pour des raisons qui remontent aux époques lointaines, quand nos ancêtres vivaient dans des conditions dangereuses, exposés aux prédateurs et aux ennemis, de nombreuses personnes n'arrivent pas à trouver le sommeil si elles ne se sentent pas protégées par un toit (maison, tente) ou par un drap.

Le drap (ou la couverture, la couette…) forme en outre une sorte de bulle thermique qui permet de ne pas avoir trop froid ni trop chaud. Assez rares sont ceux qui parviennent à dormir nus, dehors, sans rien pour les couvrir et donc les rassurer, tant il est vrai que le sommeil est un moment où l'on se sent **vulnérable**, livré à un danger potentiel, même imaginaire.

La bonne température

La douche du matin

Une douche froide le matin oblige l'organisme à **augmenter sa température**, ce qui est favorable à une bonne mise en route, mais demande une certaine dépense d'énergie. Par conséquent, on recommande plutôt les douches froides aux personnes qui sont en pleine forme.

Pour les autres, à l'inverse, c'est une douche bien chaude accompagnée d'exercices physiques qui sera bénéfique. Le but est le même : augmenter la température corporelle pour démarrer la journée dans de bonnes conditions.

Le bain du soir

C'est exactement l'inverse. Un bain tiède (pas trop froid) fait **baisser la température** et favorise donc l'endormissement. Si le bain est trop froid, l'organisme élève sa température pour se défendre, ce qui aggrave une tendance à l'insomnie.

La technique du bain très chaud nécessite d'être en bonne santé, notamment sur le plan cardiaque.

Un bain très chaud (40 °C) d'une durée de 15 minutes pris 60 à 90 minutes avant le coucher déclenche un réflexe de thermorégulation. Il oblige l'organisme à lutter contre l'excès de chaleur et donc à abaisser sa température, d'où un endormissement plus facile et un meilleur sommeil.

La température dans le lit

On ne dort bien que si l'on est installé de façon confortable. Atteindre la température idéale est probablement la plus importante des conditions nécessaires à un sommeil de bonne qualité. Si l'on a trop chaud ou trop froid, on dépense toute son énergie à corriger l'excès ou l'insuffisance thermiques.

Si l'on est frileux, mieux vaut utiliser des accessoires du type **bouillotte** ou **couverture chauffante**, porter des chaussettes, un pyjama chaud ou un bonnet de nuit plutôt que de monter le chauffage, la température idéale de la chambre se situant **autour de 19 °C**.

Certains dorment les **pieds** en dehors des draps, d'autres ont besoin d'être entièrement couverts. À chacun sa conception du confort et de la sécurité. Les pieds représentent une grande surface de peau, comme les oreilles ou les mains, et permettent par conséquent des échanges thermiques importants. Mettre les pieds en dehors des draps est une manière d'abaisser la température corporelle et donc de favoriser le sommeil.

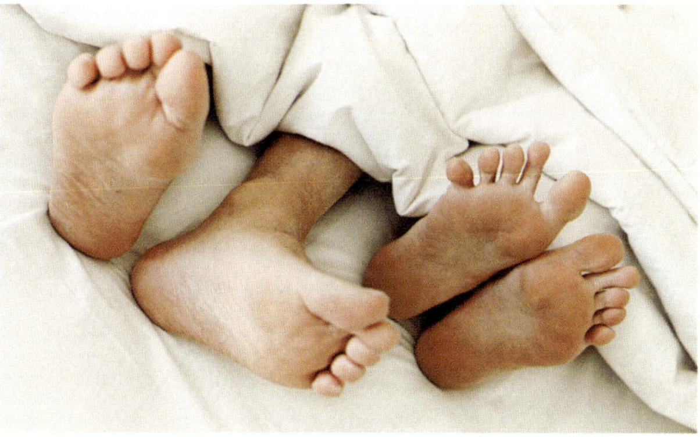

> Chauds ou froids. On ne s'endort pas bien avec les pieds froids, mais, l'été, sortir ses pieds des draps aide à refroidir le corps.

Le réveil et les siestes

Sommeil du matin : chagrin !

Le sommeil n'est pas un état homogène. Et même les cycles qui le composent ne se répètent pas à l'identique tout au long de la nuit. Ainsi, en fin de nuit, le sommeil paradoxal (voir p. 19) devient plus important que le sommeil lent, ce dernier étant le plus reposant. C'est la raison pour laquelle le fait d'allonger ses nuits n'est pas toujours bénéfique, loin de là. Selon certains chercheurs, ce serait même un **facteur aggravant** chez les sujets prédisposés à la dépression, à l'insomnie et à la migraine de réveil.

La plupart des sujets du matin savent très bien qu'une **grasse matinée** est susceptible de provoquer ou de renforcer certains troubles. Au réveil, ils se sentent cotonneux, ont un peu mal à la tête, sont vaseux, bougons, irascibles. C'est pourquoi on leur recommande de continuer à se lever aux mêmes horaires au début de leurs congés et le week-end s'ils ne veulent pas gâcher leurs vacances et celles de leur famille.

La durée des siestes

On raconte que, lorsqu'il avait sommeil dans la journée, Salvador Dalí s'installait dans un fauteuil, posait une assiette métallique au pied du fauteuil et se relaxait en tenant une petite cuillère dans la main. Lorsqu'il s'endormait, il lâchait la cuillère, qui tombait bruyamment dans l'assiette, le réveillant instantanément et en pleine forme.

Cet effet rafraîchissant, restaurateur, des **très courtes siestes** est bien connu : un petit somme permet de récupérer rapidement en cas de manque de sommeil, bien mieux qu'une grasse matinée et, surtout, qu'une sieste trop longue.

Sous nos latitudes tempérées, les siestes qui durent plus de 20-30 minutes peuvent entraîner une insomnie la nuit suivante, comme si elles entamaient le capital de sommeil. De plus, au réveil, on ressent souvent un mal de tête, parfois associé à un état de confusion potentiellement dangereux si l'on doit conduire ensuite.

L'hygiène des rythmes

La « forme » dépend de quatre paramètres : l'humeur, la vigueur physique, la performance intellectuelle et la vigilance. On est frais et dispos si l'on se sent joyeux, fort, intelligent et éveillé. De nombreux facteurs interviennent pour atteindre ce quadruple objectif. Le plus important est le niveau de la **température centrale**. Plus elle s'élève (dans les limites normales) au cours de la journée, plus on se sent en forme. Inversement, plus elle descend au cours de la nuit, plus le sommeil est profond.

C'est la régularité de cette courbe dite sinusoïdale, haute le jour et basse la nuit, qui conditionne une bonne partie du sentiment de bien-être. Il est dès lors utile d'accompagner ce phénomène **chronobiologique** (lié au temps) en adoptant des horaires réguliers, notamment pour le lever.

Les principes au lever et au coucher

Pour la plupart des insomniaques, les mesures portant sur l'hygiène des rythmes sont un véritable changement de mode de vie. Les deux premières semaines sont souvent difficiles à vivre, mais l'application régulière de ces principes, chaque jour et chaque nuit, est souvent payante : progressivement, l'état du sommeil s'améliore sans qu'il soit nécessaire de prendre des somnifères.

Le matin Il est recommandé de :

– se lever à heure fixe, week-end et vacances compris, 15 à 30 minutes plus tôt qu'auparavant ;

– faire 10 minutes de gymnastique ;

– prendre une longue douche très chaude ;

– prévoir un petit déjeuner abondant, comprenant des aliments riches en protéines.

Le soir Il est recommandé de :

– passer une soirée calme, sans exercice violent, excitant ou stressant, avec lecture ou programme de télévision tranquille par exemple ;

– prendre un bain tiède et relaxant ;

– ne pas se coucher trop tôt, et de toute façon jamais avant d'avoir vraiment sommeil.

L'attitude à adopter en cas d'insomnie

Les problèmes d'endormissement Si vous n'êtes pas endormi au bout de 30 minutes, c'est que vous avez « raté le train du sommeil ». **Levez-vous**, rafraîchissez-vous, lisez, repassez… et ne vous recouchez que lorsque les signaux de sommeil sont de nouveau présents.

Les réveils nocturnes Si vous vous réveillez en cours de nuit et qu'au bout de 30 minutes vous ne vous êtes pas rendormi, **levez-vous** : buvez une tisane sucrée (pas trop), prenez l'air, marchez pieds nus sur le carrelage, lisez, repassez, regardez un documentaire animalier (ne vous laissez pas prendre par une histoire)… Ne vous recouchez que lorsque les signaux de sommeil sont de nouveau présents.

Les réveils précoces Si, en fin de nuit, vous vous réveillez plus tôt que vous ne le souhaitiez et que vous ne vous rendormez pas vite, **levez-vous**, activez-vous tranquillement, profitez au mieux de ce temps supplémentaire. Vous rattraperez votre sommeil la nuit suivante ou en faisant une sieste de moins de 20 minutes, de préférence sur un fauteuil et non au lit.

La photothérapie : horaires et durée de la cure

La lumière est le plus puissant des donneurs de rythme chez l'homme. Dans la photothérapie, elle est utilisée de manière thérapeutique et peut être indiquée pour lutter contre l'insomnie. Lorsque les difficultés se manifestent à l'endormissement, la personne s'expose à une source lumineuse blanche, brillante (supérieure à 2 500 lux) pendant 30 minutes dès le réveil. Inversement, les personnes ayant tendance à se réveiller trop tôt bénéficient d'une exposition lumineuse le soir.
Ce type de traitement est à éviter en cas de maladie de la rétine. Il faut donc consulter un ophtalmologiste auparavant.

3

Les traitements de l'insomnie

> Psychothérapie et relaxation

> Les somnifères ou hypnotiques

> Les autres remèdes

Psychothérapie et relaxation

La technique non médicamenteuse la plus efficace en matière d'insomnie est probablement la thérapie cognitivo-comportementale.

La psychanalyse n'a pas d'intérêt ici : elle permet de réfléchir sur ses problèmes, mais n'a pas d'effet direct sur le sommeil.

La thérapie cognitivo-comportementale

Ce type de psychothérapie vient en complément de l'hygiène des rythmes (voir p. 116-118), qui reste la base d'un bon sommeil. Malheureusement, il y a peu de spécialistes de cette méthode en Europe.

Le stress du coucher

Les nuits d'insomnie répétées deviennent souvent une véritable **obsession** (voir p. 58), les personnes se couchant avec angoisse, dans la crainte de passer une mauvaise nuit, de ne pas trouver le sommeil.

Or, c'est précisément le fait de vouloir dormir qui fait fuir le sommeil. Un insomniaque peut parfaitement s'assoupir devant la télévision (alors qu'il ne voudrait pas dormir à ce moment-là) et se précipiter dans son lit pour finalement ne pas parvenir à s'endormir… Le sommeil ne vient que si on ne le recherche pas.

De plus, les insomniaques veulent tellement dormir qu'ils se couchent généralement (trop) tôt et se lèvent (trop) tard. Du coup, ils font mille choses au lit (manger, regarder la télévision, tricoter, faire des réussites…).

Pourtant, l'idée de « lit » doit bien être associée à celle de « sommeil », et le fait de se coucher doit être un signal d'endormissement, d'où la nécessité de **réserver le lit au sommeil**.

Le cercle vicieux de l'insomnie

Au moment de se coucher, l'insomniaque est obsédé par l'idée qu'il ne va pas dormir mais qu'il faut absolument qu'il dorme : cette disposition d'esprit entretient l'insomnie et crée un cercle vicieux.
– Ce que pense l'insomniaque au coucher : je manque de sommeil ; je dois absolument m'endormir avant minuit ; demain, la journée sera épouvantable ; si je dormais mieux, tout irait bien.
– Ce qu'il ressent au coucher : une anxiété et une sensation de tension qui empêchent l'endormissement et se traduisent par une accélération des battements du cœur.
– Les mauvaises habitudes qui aggravent l'insomnie : des horaires irréguliers ; trop de temps passé au lit ; les siestes dans la journée ; les activités au lit (télé, lecture, travail, repas…) ; la prise de somnifères.
– Les conséquences : une fatigue dans la journée, une diminution des performances, une perturbation de l'humeur, un mal-être social.

D'après Charles Morin

L'objectif de la thérapie

La thérapie cognitivo-comportementale s'attache à rompre le cercle vicieux qui fait que l'angoisse de l'insomnie entretient l'insomnie, en déconditionnant le sujet au stress du coucher par des **pensées positives** et en créant un **réflexe d'endormissement**.

La thérapie peut être menée individuellement ou en groupe. Le fait de se réunir pour confronter son expérience à celle d'autres insomniaques permet de relativiser le problème et d'apprendre des autres et du psychothérapeute les mille et un petits trucs qui améliorent le sommeil.

La relaxation

À la marge des psychothérapies, les techniques de détente sont très utiles pour faciliter l'endormissement car elles réduisent le stress. La **sophrologie**, méthode fondée sur l'hypnose et la relaxation, peut être bénéfique, au même titre que le **yoga**.

Parfois, cependant, le stress est dû à un excès d'agressivité impossible à exprimer. Dans ce cas, la relaxation peut produire l'effet inverse et augmenter l'anxiété en renforçant la censure anti-agressive (elle refoule l'agressivité au lieu de l'évacuer). Mieux vaut alors conseiller la pratique d'un art martial, d'un sport qui défoule, ou l'achat d'un sac de sable comme ceux qu'utilisent les boxeurs !

Les somnifères ou hypnotiques

Délivrés uniquement sur ordonnance, les hypnotiques sont des produits efficaces et bien tolérés s'ils sont pris sur une courte période. Leur toxicité est faible en cas de surdosage et lorsqu'ils sont employés seuls, mais ils peuvent générer de nombreux **effets indésirables**.

Le recours aux somnifères

Si l'insomnie est transitoire ou ponctuelle, comme celle qu'occasionne un long voyage, leur utilisation de courte durée ne pose pas de problème. En revanche, ces médicaments ne peuvent régler de manière satisfaisante un problème d'insomnie chronique : ce sont des béquilles chimiques qu'il faut utiliser **le moins possible** et **le moins longtemps possible**.

La première mesure à prendre lorsque l'on dort mal de façon permanente ou régulière est d'appliquer les règles d'hygiène des rythmes (voir p. 116-118). Bien souvent, cela suffit à régler le problème. Dans le cas contraire, le médecin peut décider de prescrire des somnifères dans un cadre précis (posologie, durée) pour aider son patient à retrouver un équilibre et à adopter de bons rythmes de vie.

Les hypnotiques « officiels »

Ce sont les médicaments spécifiquement conçus pour induire le sommeil. Ils agissent en augmentant l'activité d'un neurotransmetteur inhibiteur, le GABA (acide gamma-aminobutyrique), qui a un effet calmant en réduisant l'activité des autres neurotransmetteurs.

On distingue plusieurs familles d'hypnotiques :

– le **zolpidem** et le **zopiclone**, les plus prescrits ;

– les **benzodiazépines** ;

– les **associations** de plusieurs molécules, qui sont d'un usage plus rare.

Les somnifères appartenant à la famille des **barbituriques**, tel le phénobarbital, ne sont plus prescrits en raison de leur toxicité, sauf cas particuliers. Il convient donc de prendre garde à certains composés ou préparations magistrales prétendument à base de plantes, mais qui renferment sans le signaler un peu de phénobarbital.

Les inconvénients

Il n'existe pas de somnifère idéal et tous modifient plus ou moins la structure du sommeil, généralement en augmentant la durée du stade 2 (sommeil léger), peu intéressant, et en réduisant celle du sommeil lent profond, pourtant important (le sommeil paradoxal est plus ou moins respecté).

- Ces médicaments induisent une **dépendance** plus ou moins importante selon les molécules. Il ne faut donc pas les arrêter d'un coup car ils peuvent provoquer un **syndrome de sevrage** très désagréable, voire dangereux.
- Tous les sédatifs (médicaments à effet calmant), les benzodiazépines surtout, entraînent une **dépression respiratoire**. En cas d'insuffisance respiratoire ou d'apnées du sommeil, il convient donc de limiter au maximum leur usage.
- Leur effet sédatif et relaxant pour les muscles peut être à l'origine de **chutes nocturnes**, particulièrement chez les personnes âgées.
- Leur élimination plus ou moins lente peut provoquer **au cours de la journée** des effets résiduels se traduisant par une somnolence, une tendance à la distraction et une diminution des réflexes qui peuvent être à l'origine d'accidents de voiture.
- Ils peuvent à des degrés divers altérer la **mémoire**, surtout à court terme (oubli d'événements récents) mais également à long terme.

Les sédatifs sont des médicaments qui calment l'activité d'un organe ou du psychisme. Ce sont aussi bien les hypnotiques que les anxiolytiques (qui modèrent l'anxiété) ou les antitussifs (sédatifs de la toux).

Les précautions

Tous ces effets secondaires, notamment l'accoutumance, apparaissent surtout en cas d'**utilisation prolongée**. C'est pourquoi les médecins n'ont pas le droit de les prescrire pour une durée supérieure à **quatre semaines** sur leur ordonnance. S'il s'avère nécessaire de poursuivre le traitement, le patient doit retourner voir son médecin, qui, après examen, se reposera la question du traitement.

Il est fortement déconseillé d'associer plusieurs hypnotiques, d'augmenter les doses prescrites ou d'en reprendre en cours de nuit.

Enfin, plus on avance en âge, plus on élimine lentement les médicaments. Chez les personnes âgées, le médecin sera très prudent et tentera de réduire les doses pour éviter un risque d'accumulation, voire d'intoxication.

Zolpidem et zopiclone

Ces molécules récentes induiraient moins de dépendance et seraient plus faciles à interrompre que les autres. Les médicaments correspondants sont le Stilnox® (zolpidem) et l'Imovane® (zopiclone). Les médecins les prescrivent généralement en première intention, car ce sont les mieux tolérés des hypnotiques.

- **Le zolpidem.** Du fait de ses caractéristiques d'absorption et d'élimination, il agit très vite (moins de 30 minutes), mais pour une durée assez brève (3 à 4 heures). C'est donc un « starter » du sommeil, très prescrit dans les insomnies d'endormissement : le zolpidem est l'hypnotique le plus utilisé au monde. Généralement bien toléré, il peut cependant provoquer des hallucinations avant l'endormissement et, surtout, des comportements automatiques suivis d'une amnésie. Ces comportements peuvent être anodins (manger, par exemple), mais ils sont parfois graves (violence). Il faut donc éviter d'en prendre si l'on risque d'être réveillé dans les 4 heures qui suivent la prise (lors du pic sanguin), avant une garde si l'on travaille de nuit ou si l'on a un bébé, par exemple.

Ce médicament peut parfois provoquer une insomnie dite de rebond au cours de la seconde moitié de la nuit, c'est-à-dire lorsqu'il est en grande partie éliminé.

Attention, certains toxicomanes s'en servent à haute dose (plusieurs dizaines de comprimés par jour) de manière à « planer ». Il ne faut donc pas le laisser traîner lorsque des sujets à risque sont présents à la maison.

- **Le zopiclone.** Il a une action un peu moins rapide et un peu plus prolongée que celle du zolpidem. C'est le deuxième hypnotique le plus utilisé dans le monde, ce qui montre sa supériorité par rapport aux benzodiazépines. Il laisse parfois un mauvais goût dans la bouche le lendemain, ce qui peut avoir l'avantage de décourager les utilisations prolongées ! Il existe un dosage faible pour les personnes âgées ou fragiles. Ce somnifère semble moins apprécié des toxicomanes que le zolpidem, même si, en théorie, il provoque les mêmes effets secondaires.

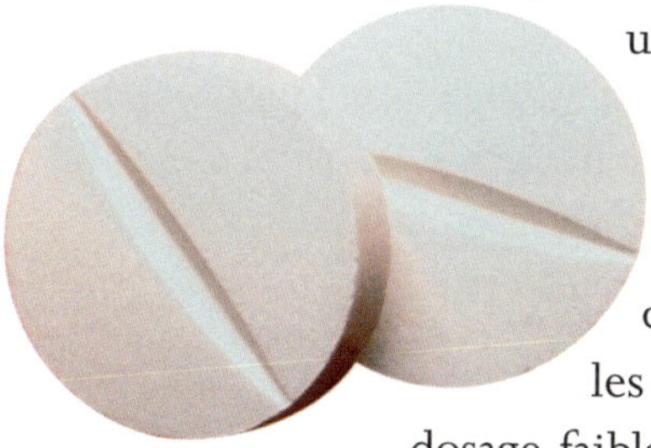

Les benzodiazépines

Plusieurs types de benzodiazépines sont indiqués dans l'insomnie. Ils se distinguent par leurs vitesses d'absorption et d'élimination. Leur durée d'action est variable : 4 heures, 8-12 heures ou plus de 12 heures. Les plus prescrites sont les benzodiazépines à durée d'action moyenne (8-12 heures), qui ne présentent pas ou présentent peu les effets résiduels (somnolence le jour) de celles à longue durée d'action.

Le médicament à durée très brève (Halcion®) est peu prescrit en France du fait de contraintes réglementaires importantes liées à ses effets secondaires et au risque de toxicomanie et d'amnésie.

Les signes de sevrage aux benzodiazépines

La dépendance aux benzodiazépines, qui se manifeste en général après quelques semaines d'utilisation, peut apparaître au bout de quelques nuits seulement chez certaines personnes. À l'arrêt, les signes de manque sont parfois pénibles et concernent :
– le psychisme, avec une angoisse, une irritabilité, une tristesse, des impressions de « déjà vu » ;
– le sommeil, avec des cauchemars surtout, mais aussi une insomnie à la fois d'endormissement et provoquée par des réveils multiples dans la nuit ;
– la sphère neurologique, avec des maux de tête, des pertes d'équilibre et une incoordination motrice ;
– l'appareil digestif, avec des maux de ventre, des nausées, des vomissements et une perte d'appétit ;
– les sens, avec la perception de goûts ou d'odeurs bizarres, des fourmillements sur la peau.

Les associations Certains hypnotiques, comme le Noctran® et le Mépronizine®, associent plusieurs molécules (benzodiazépine, antihistaminique ou méprobamate). Ce sont des médicaments anciens, qui ont tendance à tomber en désuétude car ils accumulent les inconvénients liés à chaque type de produit.

Les hypnotiques « non officiels »

Les tranquillisants, les antidépresseurs, les neuroleptiques et les antihistaminiques ne sont pas à proprement parler des hypnotiques, mais ils ont

La mélatonine médicament

La mélatonine est une hormone dont la sécrétion est liée à la lumière ambiante : son taux est élevé quand le corps reste dans l'obscurité et baisse dès qu'il est exposé à la lumière. Sous forme de médicament, elle est parfois utilisée pour lutter contre les effets du décalage horaire (jet-lag), mais son efficacité n'a pas été démontrée de manière scientifique. Elle n'est pas commercialisée en France et il est déconseillé de s'en procurer directement (en en commandant par Internet, notamment) sous peine de recevoir des substances douteuses, à la pureté incertaine. En revanche, un laboratoire japonais devrait prochainement commercialiser un médicament de synthèse qui agit sur les récepteurs de la mélatonine. Ce produit a fait l'objet d'études scientifiques poussées et pourrait représenter une nouvelle possibilité thérapeutique pour les insomniaques.

des vertus sédatives (calmantes) et sont par conséquent parfois prescrits hors AMM (autorisation de mise sur le marché) pour traiter une insomnie.

Les tranquillisants

Également appelés anxiolytiques, ils appartiennent à la classe des **benzodiazépines**, mais sont plus faiblement dosés que les benzodiazépines hypnotiques (voir p. 128), l'objectif étant ici non pas de provoquer le sommeil mais de soulager l'anxiété.

Il n'y a guère d'avantage à les utiliser pour dormir alors que les benzodiazépines hypnotiques sont justement faites pour cela, sauf si l'anxiété du soir est à l'origine de l'insomnie.

Les antidépresseurs

Ces médicaments peuvent être de très bons somnifères, mais ils n'ont pratiquement pas été étudiés dans cette indication et n'ont donc pas d'AMM dans le domaine du sommeil.

Leur prescription doit se faire sous contrôle médical car ils présentent de nombreuses contre-indications et effets secondaires.

Déconseillés

Les **neuroleptiques** et les **antihistaminiques** majeurs (type Théralène® ou Phénergan®) ont de nombreux effets secondaires à long terme.

Ils sont donc déconseillés en cas d'insomnie, sauf exception (chez un patient souffrant de psychose, par exemple). Il ne faut pas non plus les utiliser chez l'enfant.

La durée du traitement

Selon les recommandations officielles, la durée maximale de prescription d'un hypnotique ne peut excéder quatre semaines.

Si l'insomnie est **transitoire**, l'arrêt au bout de quelques nuits ne pose généralement pas de problème. En cas d'insomnie persistante, le médecin demandera à son patient de prévoir des **pauses thérapeutiques**, les vendredi et samedi par exemple, ou changera régulièrement de molécule pour éviter que l'organisme ne s'accoutume à un médicament.

Le sevrage

- **Si l'utilisation est récente**, il suffit de prendre un demi-comprimé pendant deux ou trois nuits, puis de cesser complètement. Mieux vaut programmer le sevrage total au cours d'un week-end ou de vacances, de manière à limiter les effets diurnes d'une éventuelle insomnie de sevrage.

Les cures de sommeil

Autrefois, dans les cliniques psychiatriques, on faisait dormir les déprimés pour leur faire oublier leurs soucis, leur tristesse, leurs malheurs. La méthode de la cure de sommeil est pratiquement abandonnée car elle semble n'avoir aucun intérêt : au réveil, les ennuis sont toujours là... et le seul changement que l'on peut constater est l'apparition d'une dépendance aux tranquillisants utilisés pour endormir.

● **S'il s'agit d'un traitement de longue durée**, le sevrage peut prendre des mois, voire des années. Un tel traitement ne doit jamais être interrompu d'un coup et l'arrêt doit s'effectuer sous contrôle médical. En cas d'utilisation ancienne et de dépendance (signes pénibles dus au manque, voir p. 128), il est souhaitable de réduire d'un quart de comprimé toutes les trois semaines puis, lorsqu'on ne prend plus qu'un quart de comprimé chaque soir, d'en prendre une nuit sur deux, puis une nuit sur trois, jusqu'à arrêt complet.

Il ne faut pas avoir peur de prendre son temps, car un arrêt trop rapide peut se traduire par un **rebond d'insomnie** et donc par une reprise durable de l'hypnotique.

Quelles sont les raisons des échecs du traitement ?

La médecine est loin de répondre à toutes les questions posées par l'insomnie. Lorsqu'une cause est décelable et peut être traitée, lorsqu'elle est transitoire, l'insomnie peut être combattue avec succès. En revanche, lorsqu'elle est psychophysiologique (sans cause connue, voir p. 60), il n'existe pas à l'heure actuelle de traitement définitif. L'important est alors d'arriver à l'assumer, d'essayer de trouver un équilibre, avec des temps d'assoupissement brefs dans la journée, et, si possible, d'en tirer profit en valorisant le temps d'éveil supplémentaire.

Entre la condition de court dormeur et celle d'insomniaque, il n'y a qu'une différence de point de vue : c'est ce point de vue qu'il faut tenter de modifier !

Les autres remèdes

Il existe de nombreux remèdes pour mieux dormir. Leur l'efficacité repose dans certains cas sur une réelle action sédative (calmante) et, dans d'autres, sur un effet psychologique apaisant qui diminue le stress générateur d'insomnie.

L'homéopathie : une approche globale

Au-delà des remèdes eux-mêmes, l'homéopathie est **souvent très efficace** contre l'insomnie car elle aborde le patient dans son ensemble, comme un tout et non comme une « fédération d'organes ».

Le médecin accompagne ses prescriptions de conseils, il prend son temps, aide à faire le point, permet de mieux comprendre la maladie et ses causes, ce qui a pour effet de réduire le stress, à l'origine ou en partie responsable de l'insomnie.

Les plantes qui aident à dormir

Certaines plantes sont traditionnellement utilisées pour leurs vertus sédatives (tilleul, camomille, passiflore, etc.). Si aucune étude scientifique d'envergure n'a été menée sur leur efficacité en matière d'insomnie, leur **innocuité** et leur absence d'**effets indésirables** sont largement prouvées.

Ce n'est pas le cas de toutes les plantes. Pour s'en convaincre, il suffit de penser aux effets des champignons vénéneux, à ceux de la digitaline, un principe actif d'origine végétale prescrit contre certaines maladies cardiaques, ou du millepertuis, utilisé contre la dépression mais à prendre avec précaution en raison de ses effets secondaires.

Les tisanes Bues en grande quantité le soir, les tisanes ont l'inconvénient de provoquer des **réveils nocturnes** pour aller aux toilettes, surtout chez les hommes dont la prostate est un peu trop volumineuse. Dans ce cas, mieux vaut prendre des « tisanes sèches » (Euphytose®, Passiflorine®, Phytocalm®, Sympavagol®, Tranquital®, Valériane®...).

D'autres remèdes

- Le magnésium, les oligoéléments, certains acides aminés ont une action psychologique intéressante, même si leur efficacité n'a jamais été démontrée sur le plan pharmacologique.
- Quelques produits conseils du pharmacien, tel le Donormyl®, dont le sevrage est facile, ne posent pas trop de problèmes s'ils sont utilisés peu de temps.

Les réponses
à vos questions

- Quel est le temps de sommeil idéal ? → VOIR P. 16
- Pourquoi dort-on mal en vieillissant ? → VOIR P. 53
- Est-il utile de faire un enregistrement du sommeil en cas d'insomnie ? → VOIR P. 104
- Quel est le sommeil le plus réparateur : celui du début, du milieu ou de la fin de la nuit ? → VOIR P. 20-22
- Les grasses matinées du week-end permettent-elles de récupérer de la fatigue de la semaine ? → VOIR P. 114
- Est-il conseillé de prendre un bain chaud le soir pour mieux s'endormir ? → VOIR P. 112
- Est-il bon de faire la sieste ? → VOIR P. 115
- Quelles sont les remèdes à base de plantes utiles pour mieux dormir ? → VOIR P. 133-134
- Quand doit-on prendre un somnifère ? → VOIR P. 123-124
- Comment faire pour arrêter les somnifères ? → VOIR P. 131-132
- Où peut-on se procurer une base d'agenda de sommeil ? → VOIR P. 38-39

Les idées reçues

- **Il est important de bien placer son lit pour bien dormir.**

✘ **Faux.** Beaucoup de personnes pensent que, pour bien dormir, il faut placer le lit dans une certaine direction. Quant à savoir laquelle, les avis divergent : la tête doit-elle être à l'est, à l'ouest, au nord ou au sud ? Aucun chercheur ne s'est jamais penché sérieusement sur cette question et nul ne sait où ni dans quelle direction se trouve le pays des rêves. Quoi qu'il en soit, il est certain que l'on dort mieux lorsque l'on est persuadé de dormir dans la bonne direction.

- **Il vaut mieux mettre un pyjama qu'une chemise de nuit.**

✘ **Faux.** C'est une affaire de goût, de mode et de température extérieure. Pour certains, le pyjama est plus pratique ; pour d'autres, la chemise de nuit est plus sensuelle. Certains préfèrent dormir nus, d'autres ont besoin d'un haut ou d'un bas.

- **Il faut éviter de dormir avec des plantes vertes.**

✔ et ✘ **Vrai et faux.** Il est fréquent d'entendre dire qu'il n'est pas sain de dormir dans une chambre où se trouvent des plantes. S'il est vrai que, du fait de la photosynthèse, les végétaux dégagent du gaz carbonique la nuit, cette production est relativement modeste. Tout est question de mesure. Il n'y a probablement pas d'inconvénient à dormir dans une pièce où pousse un petit géranium. En revanche, il n'est peut-être pas recommandé de dormir au milieu d'une jungle végétale…

- On dort mieux dans certaines positions que dans d'autres.

✔ et ✘ **Vrai et faux.** C'est une affaire de goût. L'important est de se sentir bien et en sécurité. On peut seulement recommander aux ronfleurs de ne pas dormir sur le dos, car cette position favorise les ronflements et les apnées du sommeil. Cependant, cette question est importante pour les bébés, certaines positions de sommeil favorisant les morts subites et inexpliquées au cours du sommeil (mort subite du nourrisson). Il est donc important d'installer systématiquement les tout-petits sur le dos.

- Il est bon d'avoir un réveil lumineux (l'heure étant visible la nuit).

✔ et ✘ **Vrai et faux.** Certains ont besoin de contrôler ce qui les entoure et aiment connaître l'heure à tout moment. Pour eux, le réveil lumineux est une bonne chose car cela leur évite d'allumer et donc de trop se réveiller. En revanche, pour ceux qui sont obsédés par la crainte de ne pas dormir, c'est-à-dire la plupart des insomniaques, le réveil lumineux augmente le sentiment d'éveil, d'insuffisance de sommeil, aggrave la peur de ne pas pouvoir se rendormir à temps et donc l'insomnie. Pour ceux-là, le réveil lumineux est à bannir.

Glossaire

Acide gamma-aminobutyrique (GABA) : Neurotransmetteur contrôlant l'influx nerveux par blocage de la libération d'autres neurotransmetteurs (dopamine, noradrénaline), qui ont une action stimulante sur le système cardio-vasculaire.

Acouphène : Perception généralement erronée d'une sensation sonore (bourdonnement, sifflement, grésillement).

Antihistaminique : Substance qui s'oppose aux effets de l'histamine, produite lors d'une réaction allergique.

Anxiolytique : Médicament utilisé dans le traitement de l'anxiété et de ses différentes manifestations, dont l'insomnie. Les anxiolytiques font partie des tranquillisants.

Apnée : Arrêt de la respiration de durée variable, sans arrêt cardiaque.

Barbiturique : Médicament utilisé dans le traitement de l'épilepsie ou au cours de l'anesthésie.

Benzodiazépine : Médicament (hypnotique) utilisé principalement dans le traitement de l'anxiété et de l'insomnie. Les benzodiazépines ont pour mécanisme d'action de renforcer la transmission de l'influx nerveux cérébral dans les synapses (jonctions entre deux cellules nerveuses), dont le neurotransmetteur est l'acide gamma-aminobutyrique (GABA).

Cataplexie : Disparition soudaine du tonus musculaire, entraînant souvent une chute. La cataplexie serait due à un déclenchement intempestif des mécanismes du sommeil et s'accompagne souvent d'une narcolepsie.

Électroencéphalographie : Examen qui permet l'enregistrement de l'activité électrique spontanée des neurones du cortex cérébral. Il a pour indications principales l'épilepsie et les troubles du sommeil. Le tracé est appelé électroencéphalogramme.

Endorphine : Substance produite par certaines cellules du système nerveux central et ayant des propriétés analgésiques semblables à celles de la morphine.

GABA : Voir acide gamma-aminobutyrique.

Hypnoagnosie : État caractérisé par le fait qu'une personne croit ne pas avoir dormi alors que les enregistrements du sommeil montrent le contraire. L'hypnoagnosie est également nommée « insomnie par perception erronée du sommeil » ou « insomnie subjective ».

Hypnose : Technique propre à induire un état de sommeil partiel.

Hypnotique (ou somnifère) : Substance médicamenteuse capable de provoquer le sommeil. Les hypnotiques sont des produits constitués de molécules chimiques ou élaborés uniquement à base de plantes. Les classiques agissent en augmentant l'action du GABA (voir définition).

Myorelaxant : Médicament qui favorise la détente musculaire. Les myorelaxants sont principalement utilisés dans les cas de spasticité (exagération du tonus musculaire).

Narcolepsie : Trouble pathologique caractérisé par un besoin subit de sommeil dans la journée.

Neuroleptique : Médicament actif sur le psychisme, utilisé plus particulièrement dans le traitement des psychoses, des dépressions et des troubles psychologiques.

Neurone : Cellule de base du système nerveux.

Neurotransmetteur : Substance chimique de l'organisme permettant aux cellules nerveuses de transmettre leurs messages.

Parasomnie : Comportement anormal pendant le sommeil (somnambulisme, terreurs nocturnes...).

Polysomnographie : Examen qui combine l'enregistrement du sommeil avec celui de variables physiologiques telles que la respiration ou l'activité cardiaque.

Sédatif : Médicament qui calme l'activité d'un organe ou du psychisme (antitussif, analgésique, anxiolytique...).

Sommeil lent : Période du sommeil pendant laquelle l'activité mentale est faible, la fréquence cardiaque ralentie et la tension artérielle diminuée. Il est divisé en quatre stades de profondeur croissante.

Sommeil paradoxal : Période du sommeil qui allie une activité cérébrale proche de celle de la veille à une abolition du tonus musculaire.

Synapse : Zone située entre deux neurones (cellules nerveuses) et assurant la transmission des informations de l'une à l'autre.

Tryptophane : Acide aminé indispensable à l'organisme, qui participe à la constitution des protéines de celui-ci. On le trouve dans les protéines alimentaires, essentiellement d'origine animale.

Tyrosine : Acide aminé non essentiel, synthétisé par l'organisme à partir d'un autre acide aminé, la phénylalanine.

Index

A

Actimétrie........ 40
Activité musculaire........ 41
Adolescent........ 51-52
Adulte actif........ 32-33, 52-53
Agenda de sommeil .. 36-39, 101
Alcool........ 80, 108-109
Alimentation........ 106-109
Alzheimer (maladie d')........ 78
Animal........ 34
Antidépresseurs........ 130
Antihistaminiques........ 130

B

Bâillement........ 12
Bain........ 11, 112
Barbituriques........ 124
Bébé........ 50-51, 137
Benzodiazépines........ 128, 130
Bouffée délirante aiguë........ 75
Boulimie........ 76
Bruit........ 50, 63-64

C

Caféine........ 80, 107, 109
Cataplexie........ 87-88
Catastrophe........ 74-75
Chocolat........ 80, 107
Climat........ 54
Cola........ 80, 107
Comportements automatiques........ 89, 126-127
Couple........ 18, 47
Culture........ 54
Cure de sommeil........ 131
Cycle menstruel........ 37

D

Décalage horaire........ 66-67, 98
Dents........ 92
Dépendance........ 125, 128
Dépression........ 73
Diabète........ 78
Douleur........ 77, 79
Drogue........ 80

E, F, G

Électrocardiogramme........ 42
Électroencéphalogramme........ 41
Endorphines........ 11, 12
Enfant........ 31, 50-51
Enregistrement du sommeil........ 40-42, 104
Environnement........ 63-65
Epworth (échelle d')........ 102-103
Érection........ 24, 30, 50
Fièvre........ 77
Fonction urinaire........ 78
Grasse matinée........ 30, 36, 52, 53, 114

H

Hallucinations 89-90, 126
Homéopathie 133
Hormone de croissance 21, 22, 23
Hypersomnie 41, 61, 71-72
Hyperthyroïdie 78
Hypnoagnosie 57
Hypnotiques 53-54, 123-132
Hypotension orthostatique 30

I

Insomnie
  d'endormissement 57
  de maintien du sommeil 58
  durable 59
  matinale 58
  primaire 60-62
  secondaire 62
  transitoire 59, 131
Insuffisance
  cardiaque 77, 79
  rénale 77
  respiratoire 77

J, L

Jambes 82-84
  myoclonies 83
  impatiences 83
Lait 109
Lumière 65
Lune 48

M

Manie 73-74
Méditation 15
Mélancolie 72
Mélatonine 129
Mémoire 23, 100, 125
Ménopause 79
Myopie 65

N, O

Narcolepsie 61, 87-88, 90
Neuroleptiques 130
Nucleus cœruleus 34, 91
Obésité 78
Obsession 58
Oculogramme 41
Oxygénation 42

P

Palpitations 24
Paralysies 80-91
Parasomnie 26, 41, 61
Parkinson (maladie de) 78
Personne âgée 32, 53-54
Photothérapie 118
Pichot (grille de) 102
Plantes 133-134
Pollutions nocturnes 25
Polysomnographie *voir* Enregistrement du sommeil
Privation de sommeil 76
Prostate 78

R

Relaxation 122
Respiration 42, 86
Retard de phase 37, 51, 52, 81-82
Réveil 28-30
Rêves 19, 20, 34
Rituels 110-111
Ronflement 85, 88
Rythme
circadien 44-47
de sommeil 18, 21, 53-54, 66-69
hygiène des rythmes ... 116-118
infradien 48-49
ultradien 48

S

Sédatifs 125
Sevrage 125, 128, 131-132
Sieste 31-33, 115
Somatotrophine *voir* Hormone de croissance
Sommeil lent 17, 18-19, 21
monophasique 32
paradoxal 17, 19, 23, 24, 34
polyphasique 32
Somnambulisme 26-27
Somnifères *voir* Hypnotiques
Somniloquie 26
Somnolence 32, 33, 53, 85, 87, 100, 102-103
Sophrologie 122
Soucis 70-71
Spasmes d'endormissement 14
Sport 11
Stress 70-71, 133
syndrome de stress post-traumatique 74
Sudation 80
Suicide 52
Syndrome d'apnées du sommeil 78, 84-86
Syndrome prémenstruel ... 37, 79

T

Tabac 107
Température 11, 14, 31, 44-46, 112, 116
Théine 80, 107
Thérapie cognitivo-comportementale 120-122
Thermorégulation 11
Tisane 134
Tranquillisants 130
Travail de nuit 67-68
Trois-huit 67-68

V, Y, Z

Vacances 37, 52-53
Violence 91-92, 127
Vitamine C 106-107
Yeux 13
Yoga 122
Zolpidem 126-127
Zopiclone 127

Adresses et références utiles

FRANCE

Centre du sommeil
Hôtel-Dieu de Paris
1, place du Parvis-de-Notre-Dame
75181 Paris Cedex 04
Tél. : 01 42 34 82 43
Il existe une trentaine de centres du sommeil en France. Chacun propose des consultations, des traitements et la prise en charge des patients souffrant de troubles du sommeil.

Association Sommeil et Santé
BP 28, 92362 Meudon-la-Forêt Cedex
E-mail : contact@sommeilsante.asso.fr
www.sommeilsante.asso.fr
L'association informe le public sur les risques liés aux troubles du sommeil, organise des rencontres et se tient à l'écoute de ses adhérents et du public. Le site offre un annuaire qui répertorie les centres du sommeil en France.

Association française de narcolepsie-cataplexie et d'hypersomnie (ANC)
Le Village
07110 Valgorge
Tél. : 04 75 88 95 39
Numéro Azur maladies rares :
0810 63 19 20
E-mail : anc.paradoxal@wanadoo.fr
http://perso.wanadoo.fr/anc.paradoxal/
L'association informe le public sur les aspects de la narcolepsie, aide les personnes atteintes et favorise la recherche sur cette maladie.

BELGIQUE

http://www.mortsubitedunourrisson.be/4conseils/4_conseils_fr.htm
Ce site recense pour chaque région les centres d'étude sur le sommeil.

QUÉBEC

Fondation Sommeil
1946, rue des Érables Est
Charlesbourg, Québec, Canada G2L 2R8
Tél. : (418) 622-1393
www.fondationsommeil.com
La fondation offre une tribune pour partager ses expériences et tente de créer des groupes d'entraide pour mieux diffuser les informations relatives aux troubles du sommeil.

SUISSE

Swiss-Sleep (société suisse de recherche sur le sommeil, de médecine du sommeil et de chronobiologie)
www.swiss-sleep.ch
Ce site complet propose un annuaire actualisé des centres certifiés pour le traitement des troubles du sommeil.

Crédits photographiques

P. 108 : Nicolas Bertherat © coll. Larousse (stylisme Coco Jobard)

Pour toutes les autres photos de l'ouvrage :

L'éditeur remercie pour leur collaboration :

Le Dr René Gentils (conseils scientifiques),
Agnès Calvo (recherches iconographiques-couverture)
et Matthieu Dubois.

Photogravure IGS, l'Isle d'Espagnac
Imprimé en Italie par Rotolito Lombarda, Piotello
Dépôt légal : février 2006
560468/01-11001460 février 2006